Leon Keller

Der Sturz des Mubarak-Regimes

Ägypten unter ökonomischem Druck

Bachelor + Master
Publishing

**Keller, Leon: Der Sturz des Mubarak-Regimes. Ägypten unter ökonomischem Druck,
Hamburg, Diplomica Verlag GmbH 2013**
Originaltitel der Abschlussarbeit: Ursachen der Revolution in Ägypten 2011:
Ökonomischer Druck auf ein neopatrimoniales Regime?

ISBN: 978-3-95549-008-9
Druck: Bachelor + Master Publishing, ein Imprint der Diplomica® Verlag GmbH,
Hamburg, 2013
Zugl. Universität Bremen, Bremen, Deutschland, Diplomarbeit, April 2012

Bibliografische Information der Deutschen Nationalbibliothek:
Die Deutsche Nationalbibliothek verzeichnet diese Publikation in der Deutschen
Nationalbibliografie; detaillierte bibliografische Daten sind im Internet über
http://dnb.d-nb.de abrufbar.

Die digitale Ausgabe (eBook-Ausgabe) dieses Titels trägt die ISBN 978-3-95549-508-4
und kann über den Handel oder den Verlag bezogen werden.

Dieses Werk ist urheberrechtlich geschützt. Die dadurch begründeten Rechte,
insbesondere die der Übersetzung, des Nachdrucks, des Vortrags, der Entnahme von
Abbildungen und Tabellen, der Funksendung, der Mikroverfilmung oder der
Vervielfältigung auf anderen Wegen und der Speicherung in Datenverarbeitungsanlagen,
bleiben, auch bei nur auszugsweiser Verwertung, vorbehalten. Eine Vervielfältigung
dieses Werkes oder von Teilen dieses Werkes ist auch im Einzelfall nur in den Grenzen
der gesetzlichen Bestimmungen des Urheberrechtsgesetzes der Bundesrepublik
Deutschland in der jeweils geltenden Fassung zulässig. Sie ist grundsätzlich
vergütungspflichtig. Zuwiderhandlungen unterliegen den Strafbestimmungen des
Urheberrechtes.

Die Wiedergabe von Gebrauchsnamen, Handelsnamen, Warenbezeichnungen usw. in
diesem Werk berechtigt auch ohne besondere Kennzeichnung nicht zu der Annahme,
dass solche Namen im Sinne der Warenzeichen- und Markenschutz-Gesetzgebung als frei
zu betrachten wären und daher von jedermann benutzt werden dürften.

Die Informationen in diesem Werk wurden mit Sorgfalt erarbeitet. Dennoch können
Fehler nicht vollständig ausgeschlossen werden, und die Diplomarbeiten Agentur, die
Autoren oder Übersetzer übernehmen keine juristische Verantwortung oder irgendeine
Haftung für evtl. verbliebene fehlerhafte Angaben und deren Folgen.

© Bachelor + Master Publishing, ein Imprint der Diplomica® Verlag GmbH
http://www.diplom.de, Hamburg 2013
Printed in Germany

Inhaltsverzeichnis

1. Einleitung und aktueller Forschungsstand 1

2. Theoretische Ansätze 4
       2.1 Neopatrimonialismus 6
       2.2 Politökonomischer Ansatz: Der Rentierstaat 10

3. Politische Entwicklung Ägyptens in der Mubarak-Ära 14
       3.1 Neopatrimonialismus unter Staatspräsident Husni Mubarak 20
       3.2 Aufstieg einer neuen gesellschaftlichen Elite 22

4. Ökonomische Entwicklung Ägyptens in der Mubarak-Ära 25
       4.1 Der ägyptische Staatshaushalt: Charakteristika eines Rentierstaats ... 31
       4.2 Degression der Renteneinnahmen und ihre Bedeutung 33

5. Ägyptische Revolution 2011: Ursachen der Regimeinstabilität? 38
       5.1 Erfolg der Revolution durch weitere Faktoren und Ausblick 41

Literaturliste 43

Abbildungsverzeichnis

Abbildung 1: Penetrierter Neopatrimonialismus seit den 90er Jahren nach
Pawelka 2008: 50. 9

Abbildung 2: Unterschiedliche Rentenformen in Entwicklungsländern 11

Abbildung 3: Corruption Perceptions Index in Ägypten von 2000 - 2011. 18

Abbildung 4: Horizontale und vertikale Machtdiskurse in der Herrschaftselite. 24

Abbildung 5: Transferleistungen und Subventionszahlungen im Jahr 2005,
Ägypten und ausgewählte Länder (El-Naggar 2009: 37,
World Bank 2007: 194, 226). 28

Abbildung 6: Consumer Price Index und die Preissteigerungen im Vergleich
von Ägypten/Welt (World Bank 2011b). 29

Abbildung 7: Zahlungsbilanz Ägyptens von 1980 bis 2012 nach Daten des IMF. 29

Abbildung 8: Official Development Assistance von 1990 bis 2010 an Ägypten.
Daten aus dem OECD Creditor Reporting System. 32

Abbildung 9: Sinkende Einnahmen aus den Transitgebühren des Suezkanals
im Prozentanteil am BIP, 1994-2010 (Soliman 2011: 48). 34

Abbildung 10: Wechselkurs vom Ägyptischen Pfund (EGP) in US-Dollar
1993 bis 2011 (Oanda Corporation). 35

Abbildung 11: Steuereinnahmen und Umfang des BIP Ägyptens
in den Jahren 2002 - 2010 in EGP (World Bank 2011c). 36

Verzeichnis der verwendeten Abkürzungen

BIP	Bruttoinlandsprodukt
CAPMAS	Central Agency for People's Mobilization and Statistics
CIA	Central Intelligence Agency
EGP	Egyptian pound
ERSAP	Economic Reform and Structural Adjustment Program
EU	European Union
GDP	Gross Domestic Product (BIP)
IMF	International Monetary Fund
IWF	Internationaler Währungsfond (IMF)
MENA	Middle East and North Africa
NDP	Nationaldemokratische Partei
NGO	Non-governmental Organisation
UNDP	United Nations Development Programme
WTO	World Trade Organisation

1. Einleitung und aktueller Forschungsstand

Weniger als drei Wochen betrug der zeitliche Abstand zwischen den ersten Demonstrationen in Ägypten im Januar 2011 und dem Rücktritt von Staatspräsident Hosni Mubarak, der das Land seit 1981 ununterbrochen regierte. Innerhalb kürzester Zeit entwickelte sich eine ungeahnte Dynamik und Macht der Proteste, die zu einem Politikwechsel in Ägypten führten, dessen Transformation bis heute nicht abgeschlossen ist. Im Kontext des sogenannten *Arabischen Frühlings* betrachtet, stellt Ägypten einen besonders relevanten Fall der aufkommenden politischen Unruhen in der arabischen Welt dar. Die im Jahr 2010 begonnenen Proteste in Tunesien, breiteten sich in der gesamten Region Nordafrikas und der arabischen Halbinsel wie ein Flächenbrand aus. Die zeitliche Aktualität dieses Themas wird deutlich, wenn man nun Mitte 2012 die unvollständigen Transformationsprozesse dieser Länder betrachtet, deren politische und gesellschaftliche Veränderungen noch im Umbruch befindlich sind. Die Dynamik der Destabilisierung von Herrschaft einer ganzen Region, die vor kurzem noch undenkbar schien, lässt schnell die Frage nach den Ursachen aufkommen.

Der Fall Ägypten hat nach meinem Verständnis eine besondere Relevanz für die politischen Verhältnisse in der MENA-Region und könnte deshalb insbesondere für eine weitere Ausweitung politischen Protests in anderen Staaten verantwortlich sein. Das Land verfügt mit 80 Millionen Einwohnern über die größte Bevölkerung in der arabischen Welt, ist dort die größte Militärmacht und die zweitgrößte Volkswirtschaft. Die Tradition und Philosophie in Religion und Kultur hat eine bedeutende Ausstrahlung auf andere Staaten in der Region (Rutherford 2008: 29). Besonders die ägyptische Entwicklung politischer Institutionen und Normen finden sich in vielen arabischen Staaten wieder (Blaydes 2011: 21). Im Kontext des Nahostkonflikts hat Ägypten als direkter Nachbar Israels eine dominante Rolle als Vermittler eingenommen. Die genannten Aspekte machen das Land als Untersuchungsgegenstand außerordentlich interessant.

In der arabischen Welt ist in den letzten vierzig Jahren kein einziger Fall einer politischen Transition, eines Systemwechsels von einem autoritären System in ein Demokratisches zu verzeichnen (Schlumberger 2008: 87). Die Probleme der Transitionsforschung liegen darin, dass es keine empirischen Daten zu vergangenen Transitionen in der Region gibt und damit die genauen Voraussetzungen zukünftiger politischer Umstrukturierungen unbekannt sind. Politische Liberalisierungstendenzen der arabischen Staaten wurden in der Vergangenheit häufig als irreversibler Prozess und darüber hinaus als erster Schritt zur Demokratisierung interpretiert. Dieser Enthusiasmus fußte auf der Annahme, die 'Dritte Welle' von Demokratisierungen habe nach Lateinamerika und Osteuropa auch die arabische Welt erreicht. Ernüchtert musste festgestellt werden, dass die politischen Deliberalisierungen in Ägypten und Tunesien in der zweiten Hälfte der 1990er Jahre gegen eine tendenzielle Transition in eine Demokratie sprachen (Schlumberger 2008: 87). Dabei zeigen die *Arab Human Development Reports* die regelmäßig vom UNDP veröffentlicht werden, eine deutliche öffentliche Zustimmung der arabischen Bevölkerung zu demokratischen Prinzipien. Im speziellen Fall Ägyptens halten es über 84 Prozent der 18-30jährigen Ägypter für sehr wichtig, in einer demokratischen Staatsform zu leben. Die starke Unterstützung für Demokratie in dieser Altersklasse bringt Ägypten auf Platz 8 der weltweiten Rangliste. Nur drei Prozent der Befragten sind in einer Partei engagiert, was eine starke Marginalisierung und Exklusion junger Ägypter zeigt (UNDP 2010: 66).

Diese Arbeit soll sich mit der Ursachen der Revolution in Ägypten befassen. Dabei stehen vor allem ökonomische Prozesse im Fokus, nicht die Betrachtung der Proteste selbst. In der Forschung ist man sich bei der politischen Kategorisierung Ägyptens darüber einig, dass hier eine Ausprägung eines Subtyps autoritärer Regime, des Neopatrimonialismus besteht. Dieser spezifische Subtyp, der in vielen Staatsformen der MENA-Region anzutreffen ist, beschreibt einen auf Max Webers Definition zurückgehenden Patrimonialismus. Der Neopatrimonialismus erfährt seine Ausprägung durch moderne bürokratische Strukturen, welche ihm eine Machtbasis aus legal-rationalen Elementen sichert (Erdmann 2002: 329). Da empirische Ergebnisse aus anderen Regionen der Welt zeigen, dass neopatrimoniale Herrschaft äußerst stabil ist, aber hauptsächlich von ökonomischen Ressourcen zur Herrschaftssicherung abhängig, soll genau dieser Aspekt betrachtet werden. Primär richtet sich der Fokus auf die Zusammensetzung des ägyptischen Staatshaushalts, der in seiner Einnahmenstruktur einige Besonderheiten aufweist. Es stellt sich also die Frage, ob es ökonomischen Druck auf das ägyptische Regime gab und ob sich dieser gerade in jüngerer Vergangenheit zugespitzt hat. Proteste, Demonstrationen und Haushaltskrisen hatte es in Ägypten unter

Mubaraks Herrschaft bereits gegeben. Warum aber kam es bisher zu keinem politischen Umsturz und was unterscheidet die Ursachen der Proteste 2011 von den Vorangegangenen?

Im folgenden Kapitel soll eine genaue Erklärung der Theorie des Neopatrimonialismus erfolgen. Später wird die spezielle Ausprägung des Neopatrimonialismus in Ägypten dargelegt. Die Beschreibung von Rentierstaatlichkeit, dessen Konzept das ökonomische System Ägyptens gut zu charakterisieren weiß, ist ebenfalls im Theorieteil enthalten. Eine wesentliche Aufteilung dieser Arbeit erfolgt in der Trennung zwischen den politischen und wirtschaftlichen Verhältnissen Ägyptens in der Mubarak-Ära. Machtverschiebungen zwischen politischen Akteuren gehen Hand in Hand mit Veränderungen der Staatseinnahmen durch externe Faktoren und wirtschaftlicher Reformprozesse. Die Argumentation erfolgt deskriptiv und stützt sich besonders bei der wirtschaftlichen Datengewinnung auf Quellen von internationalen Organisationen wie IWF, Weltbank und einzelner UN-Institutionen.

2. Theoretische Ansätze

An Erklärungsmodellen zu möglichen politischen Systemtransitionen in der arabischen Welt mangelt es nicht. In der Transitionsforschung existieren diese Modelle seit Jahrzehnten, auch genährt durch die Hoffnung mancher Forscher auf eine weitere Welle der Demokratisierung im arabischen Raum. Deshalb soll hier ein theoretischer Ansatz zur Transitionsforschung kurz skizziert werden. In der modernisierungstheoretischen Vorstellung besteht eine Korrelation zwischen sozioökonomischer Modernisierung, also wirtschaftlicher Prosperität einerseits und demokratischer Partizipation auf der anderen Seite. Es wird also angenommen, das sich demokratische Herrschaftsformen dann herausbilden, wenn ein gewisser Grad ökonomischer Modernisierung in einem Land erreicht ist.[1] Dies hängt mit dem sich daraus entwickelnden höheren Bildungsniveau, der städtischen Urbanisierung und der Herausbildung einer bürgerlichen Mittelklasse zusammen (Schlumberger 2008: 62). Zwischen dem Wunsch nach Selbstentfaltungswerten wie Freiheit, Gerechtigkeit und Selbstbestimmung auf der einen Seite und dem aktuellen Modernisierungsstand andererseits, gilt eine Korrelation empirisch als bestätigt (Pickel 2010: 199). Genau diese Werte machen demokratische Herrschaftsformen attraktiv und verschaffen ihnen einen Legitimitätsvorteil vor anderen Systemformen politischer Herrschaft. Dies ist besonders der Fall, wenn ein autoritäres System seine Erzeugung von Legitimität durch sozioökonomischen Erfolg oder eine Ideologie nicht mehr aufrechterhalten kann (Pickel 2010: 200).

In der Forschung zur MENA-Region ist man sich darüber weitestgehend einig, dass die dort vorkommende spezifische Ausprägung autoritärer Herrschaft in neopatrimonialen Regimen besteht (Schlumberger 2008: 110). Der Neopatrimonialismus stellt eine Subtypenbildung des Autoritarismus dar und kann durch seine Hypothesen präziser Aussagen treffen, als es durch eine Einordnung des Untersuchungsgegenstandes in das *catch-all-concept* des Autoritarismus möglich wäre. So wurden nach Schlumberger sämtliche Nicht-Demokratien mangels detaillierter Ausdifferenzierungsmodelle und in der Realität kaum mehr anzutreffender totalitärer Regime, als autoritaristisch eingeord-

---

[1] Es ist allerdings keinesfalls geklärt, ob sich optimale sozioökonomische Voraussetzungen positiv auf den *Prozess* der Systemtransformation zu einer demokratischen Herrschaftsform auswirken. Vielmehr könnte die Kausalität auch darin interpretiert werden, das die Voraussetzungen Funktionserfordernisse der Demokratie sind (Schlumberger 2008: 62).

net. (Schlumberger 2008: 110). Die Verwendung des neopatrimonialen Ansatzes für die Untersuchung des ägyptischen Staates stellt also eine in der Wissenschaft größtenteils anerkannte Theorie bereit, die das politische System Ägyptens recht präzise zu klassifizieren weiß.

Basierend auf der Frage, ob ägyptische Oppositionsbewegungen einen wichtigen Faktor im Demokratisierungsprozess und Regimewandel darstellen können, muss klar zwischen den legalisierten und inoffiziellen, oder außerparlamentarischen Oppositionskräften unterschieden werden. Auf die ägyptische außerparlamentarische soziale Bewegung *Kifaya* und ihr Mobilisierungspotential wird in Kapitel 5.2 noch eingegangen werden. In Bezug auf die Oppositionsparteien kann laut neueren Studien zum Nahen Osten und Nordafrika von einer sogenannten "autoritären Opposition" gesprochen werden. Auf die Initiativen autoritärer Machthaber kommt es an, das Feld der politischen Opposition so zu strukturieren, dass sie eine Zweiteilung in ein loyalistisches und klar oppositionelles Lager erwirken. Dieses *divided environment* macht es zunehmend unwahrscheinlich, das eine oppositionelle Politisierung gegen das Regime erfolgen kann (Bank 2010: 25).[2] Holger Albrecht weist nach, dass die ägyptische Opposition das autoritäre System stabilisiert und ihre Funktionen nicht mit Oppositionsparteien eines demokratischen Systems verglichen werden können (Albrecht 2005: 391). Der Nutzen der ägyptischen Opposition äußert sich in ihrem Kontrollmechanismus über die Gesellschaft, der totale Repression unnötig macht. Insbesondere fördert sie jedoch die politische Legitimität der autoritären Machthaber, da sie nach Innen und Außen einen gewissen Grad politischer Freiheit suggeriert. Außenpolitisch führt dies zu einem größeren Erfolg der *rent-seeking*-Machteliten,[3] da diese nun eher den Erwartungen westlicher Regierungen und internationaler Institutionen entsprechen (Albrecht 2005: 391). Die Oppositionsparteien in Ägypten sind also nicht nur regimestabilisierend, sondern fördert auch das *rent-seeking* der politischen Akteure und damit das autoritäre politische System.

---

2   So hatten sämtliche im Parlament vertretenen Oppositionsparteien die Präsidentschaftswahl von 2005 boykottiert um gegen die Wahlrechtsänderungen zu protestieren. Die liberale "Wafd-Partei" schickte dennoch überraschend einen Kandidaten ins Rennen und verstieß damit gegen die Abmachungen mit seinen Kollegen aus den anderen Parteien (KAS 2005-2: 3).
3   Auf das *rent-seeking* Verhalten politischer und wirtschaftlicher Akteure wird in den folgenden Kapiteln eingegangen.

2.1 Neopatrimonialismus

Die Herrschaftssoziologie Max Webers stellt die Grundlage der patrimonialistischen Theorie dar. Weber unterscheidet verschiedene Herrschaftstypen (legal-rational, traditional, charismatisch) und setzt voraus, das Herrschaft nur dann auf Dauer existieren kann, wenn sie seitens der Beherrschten als legitim betrachtet wird (Bayer/Mordt 2008: 100). Patrimonialismus versteht Weber als eine Spielart traditionaler Herrschaft, bei der alle politischen und administrativen Angelegenheiten vom Herrscher als persönlich behandelt werden. Die politische, ökonomische und militärische Macht ist in der Herrscherperson konzentriert. Das patrimonialistische Konzept fand erstmals bei der Beschreibung von Herrschaft in Afrika Beachtung[4] und wurde unter anderem von Pawelka (1985) und Eisenstadt (1973) in Bezug auf moderne politische Systeme weiterentwickelt (Timm 2010: 103). Als Kern des Neopatrimonialismus konnte eine Hybridität, die gleichzeitige Existenz der patrimonialen Herrschaftslogik und moderner legal-rationaler Elemente festgestellt werden. Durch diese Kombination zweier Herrschaftsformen können weite Teile staatlicher Strukturen auf Basis legal-rationaler Herrschaftsprinzipien funktionieren (Erdmann 2002: 329). So definiert Christopher Clapham Neopatrimonialismus als

> "(...) a form of organisation in which relationships of a broadly patrimonial type pervade a political and administrative system which is formally constructed on rational-legal lines. Officials hold positions in bureaucratic organisations with powers which are formally defined, but exercise those powers, so far as they can, as a form not of public service but of private property. Relationships with other likewise fall into the patrimonial pattern of vassal and lord, rather than the rational-legal one of subordinate and superior, and behaviour is correspondingly devised to display a personal status, rather than to perform an official function" (Clapham 1985: 48).

Informelle Praktiken des Patrimonialismus, der personellen Beziehungen, wirken ständig auf die legal-rationalen Systeme und Institutionen ein, manipulieren und verdrehen ihre Logik, ihre Funktionen und ihren Output. Nach Erdmann/Engel erzeugt der dauernde Wechsel zwischen der erwähnten patrimonialen und der legal-rationalen

---

4 Zum traditionalen patrimonialen Staat im vorderen Orient und seiner Herrschaftsstrukturen siehe Pawelka 2008: 39.

Herrschaftslogik Systemstabilität, da die politische Herrschaft durch 'institutionalisierte Unsicherheit' das Verhalten und die Rolle von staatlichen Institutionen und deren Vertreter unvorhersehbar werden lässt (Erdmann/Engel 2007: 105). Mit diesem Spannungsverhältnis zwischen Formalität und Informalität scheitern staatliche legal-rational aufgebaute Institutionen an ihren Aufgaben und erzeugen dennoch stabile Herrschaft ohne gleichzeitig die Bedingung des Weberschen Legitimitätsglaubens zu erfüllen (Timm 2010: 105). Erdmann/Engel sprechen in diesem Zusammenhang von 'institutionalisierter Informalität' die einen neuen Typ politischer Kultur im neopatrimonialen System schafft (Erdmann/Engel 2006: 19). Die politische, gesellschaftliche und wirtschaftliche Elite ist segmentiert und trägt unterhalb des Herrschers einen immerwährenden Kampf um Ressourcen aus. Die eigene Stellung wird argwöhnisch verteidigt und lässt sich nur durch personalisierte, informelle Beziehungen halten oder verbessern.

In neopatrimonialen Systemen zirkulieren öffentliche Güter, Ämter, Dienstleistungen und Wählerstimmen und werden in klientelistischen Organisationsstrukturen zwischen Patron und Klient verteilt. Der Patron vergibt Ressourcen und bekommt dafür Loyalität. Die Netzwerke und Abhängigkeiten entlang dieser sozialen Normen werden arabisch als *wasta*[5] bezeichnet. In der Forschung hat sich der Begriff der *Rentier-Mentalität* herauskristallisiert (Richter 2004: 21). Die politische Verfügungsgewalt über ökonomische Ressourcen ist der Schlüssel zur Stabilisierung politischer Macht in neopatrimonialen Systemen (Timm 2010: 108). Die Art und Herkunft der Staatseinnahmen spielen dabei eine besondere Rolle. Macht sich das herrschende Regime die Ressourcen des Rentierstaats zu eigen, verfügt es über Allokationspotentiale zur Einbindung abhängiger Klientelnetzwerke und zur Sicherung seiner politischen Herrschaft. Auf den Rentierstaats-Ansatz soll im Kapitel 2.2 eingegangen werden.

Was sagt nun die Theorie des Neopatrimonialismus über die Transitionsfähigkeit und -wahrscheinlichkeit des autoritären Systems aus? Laut Christian Timm wirkt ein neopatrimonialer Herrschaftsmodus negativ auf die Wahrscheinlichkeit einer Regimetransition von einem autoritären zu einem demokratischen Regime (Timm 2010: 106). Der Autor macht jedoch neuralgische stabilitätsbedrohende Faktoren aus, die als Bedro-

---

5 Das Wort stammt vom arabischen *wasat* (Mitte) und bezeichnet Klientelismus auf individueller Ebene um knappe Ressourcen z.B. einen Arbeitsplatz oder eine behördliche Genehmigung (Richter 2004: 21).

hungspotentiale für neopatrimoniale Regime entstehen können. Durch Dezentralisierung von Herrschaft können sich endogen neue Machtzentren herausbilden und die hierarchisch strukturierte politische Zentralgewalt in Frage stellen. Eine weitere Möglichkeit ist die Entstehung einer authentischen und damit systembedrohenden Opposition.[6] Die präsidiale Nachfolge, ökonomische Krisen und der Kontrollverlust über Klientelnetzwerke können zu Machtwechseln führen. Die Konflikte entfalten sich in neopatrimonialen Systemen primär zwischen konkurrierenden Patronagenetzwerken, bei der die Akteure am grundsätzlichen *status quo* festhalten. Ein Wandel politischer Institutionen ist somit wenig wahrscheinlich, die systemstabilisierenden Beharrungskräfte des Neopatrimonialismus sind stark ausgeprägt (Timm 2010: 112; Schlumberger 2008: 115).

Peter Pawelka bezeichnet den neopatrimonialen Staat als 'Überlebenskünstler'. Trotz wirtschaftlicher und politischer Liberalisierungstendenzen in den 90er Jahren unter dem Zeichen der Globalisierung, mündete dieser Prozess nicht wie in der Forschung erwartet in eine Demokratisierung der neopatrimonialen Regime der MENA-Region. Jedoch spricht Pawelka von einer zunehmenden Penetration der Politik- und Handlungssphären der orientalischen Regime (Pawelka 2008: 50). Auf der einen Seite fordern internationale Akteure Einfluss auf die Wirtschafts- Finanz- und Sozialpolitik (USA, internationale Organisationen, Gläubigergremien) und üben durch strukturelle Einflüsse des bestehenden Weltwirtschafts- und Finanzsystems Druck aus. Die andere Verteidigungslinie liegt gegenüber der eigenen Gesellschaft. Dort haben sich islamische Institutionen, NGOs und Teile der Privatwirtschaft im Bereich der Wirtschafts- und Sozialpolitik etabliert.

---

6 Letzteres kommt in neopatrimonialen Regimen äußerst selten vor, da die innerpolitische Konfliktachse nicht zwischen Vertretern unterschiedlicher ideologischer Positionen erfolgt, sondern zwischen Insidern und Outsidern. Durch die hohe Rotation bürokratischer und politischer Ämter wird die Grenze zwischen Insidern und Outsidern permanent verwischt, so dass durch die Kooptation potentieller oppositioneller Kräfte diese Bedrohung für das Regime entschärft werden kann (Timm 2010: 110).

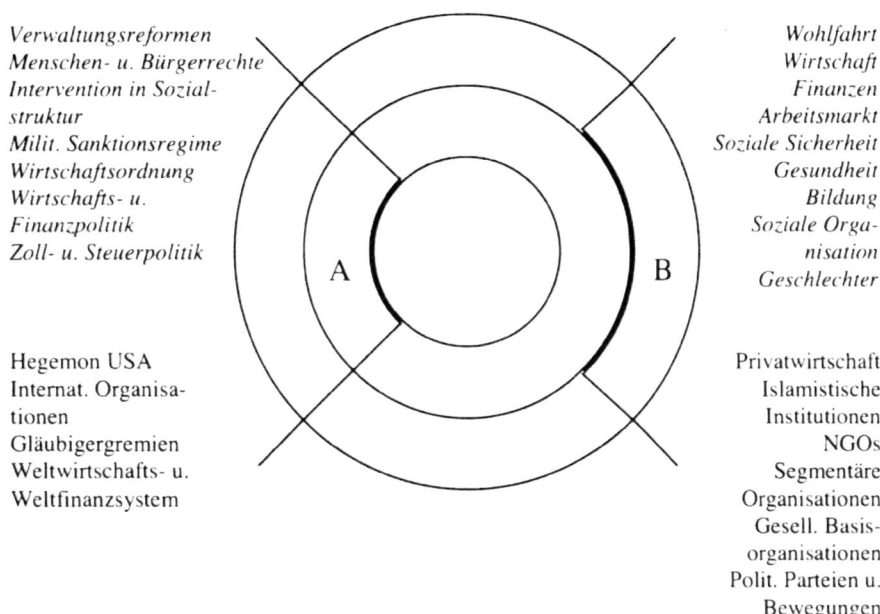

Abbildung 1: Penetrierter Neopatrimonialismus seit den 90er Jahren nach Pawelka 2008: 50.

Trotz dieser Einengung vormals etablierter politischer Handlungsfelder neopatrimonialer Regime, kam es seit den 90er Jahren zu keiner Regimetransition im Vorderen Orient. Damit existiert kein empirischer Fall in der Region, der für eine Erklärung der Zusammenbrüche im Zuge der arabischen Revolutionen nutzbar wäre. Laut Schlumberger erklären bisherige empirisch vorliegende Erfahrungen, dass "(...) sie nahezu ausschließlich unter Bedingungen akuten ökonomischen Drucks zusammenbrechen" (Schlumberger 2008: 112). Auch wenn die Details dieser empirischen Erfahrungen nicht aus Schlumbergers Text hervorgehen, ist die These in Hinblick auf den Rentierstaatsansatz ein plausibler Standpunkt.

Da hier also primär die mögliche Präsenz ökonomischen Drucks auf das ägyptische Regime untersucht werden soll, ist die Prüfung der betreffenden Hypothesen in der neopatrimonialen Theorie erforderlich. Laut Erdmann/Engel können neopatrimoniale Systeme plötzlich auftretende ökonomische Krisen und ausbleibende Ressourcenströme dadurch entschärfen, dass sich die politischen Unternehmer auf ihre formal zugeschriebenen Positionen zurückziehen und die Option staatlicher Sanktionsgewalt in Anspruch nehmen. Wenn auch formal-staatliche Institutionen ineffizient in der Produktion öffentlicher Güter sind, muss der Staat im Bereich der formalen Sanktionsfähigkeit durchsetzungsstark bleiben (Erdmann/Engel 2006: 21). Diese These lässt vermuten, dass eine Schwächung formaler staatlicher Institutionen bei gleichzeitigem ökonomischen Druck auf ein neopatrimoniales System zu einer Krise und einer darauf folgenden Transition führen könnte.

2.2 Politökonomischer Ansatz: Der Rentierstaat

Die Unterscheidung der Formen des ökonomischen Mehrprodukts oder *surplus* in Profit oder Rente[7], geht bis auf den Ökonomen Adam Smith zurück und zieht sich über Vertreter der politischen Ökonomie wie Karl Marx bis in die Gegenwart. Profit gilt dort als ein grundsätzlich angemessenes Einkommen von Akteuren, die ein unternehmerisches Risiko in ausdifferenzierten Märkten auf sich nehmen. Rente beinhaltet im Gegensatz dazu, eine ausgeprägte Unangemessenheit mit negativen Folgen für die soziale und ökonomische Entwicklung (Richter 2010: 158). Die Erkenntnisse über die kapitalistische Produktionsweise besagen, dass nur bei einem entsprechenden Einsatz von Arbeit und Kapital, Mehrwert, also Überschuss entsteht. Renten entstehen nicht aus dieser Kausalität heraus, ihnen liegen keine gesellschaftlichen Arbeits- oder Investitionsleistungen zugrunde. Der Überschuss muss hier auch nicht wieder in den Produktionsprozess reinvestiert werden, sondern steht der politischen Führung zur freien Verfügung (Richter 2004: 12).

Renten bestehen jedoch nicht nur aus übermäßig hohen Rohstofferträgen, sondern können auch in Form von politischen Renten durch Militär- und Entwicklungshilfe auftreten. Lagerenten wiederum bilden sich durch den Besitz strategischer Transportwege wie zum Beispiel Pipelines, Wasserstraßen oder durch optimale Bedingungen für den internationalen Tourismus. Migrantenrenten entstehen durch die Überweisungen von Geldern von im Ausland befindlichen Arbeitskräften an ihre Verwandten zuhause (Abb. 2).

---

7 Der Begriff 'Rente' hat in diesem Zusammenhang nichts mit unserem alltäglichen Gebrauch des Wortes als Bezeichnung für eine Alters- oder Sozialrente gemeinsam.

Unterschiedliche Formen von Rente in Entwicklungsländern

	Herkunft	Ursprung	Grad der Absorptionsfähigkeit durch Staaten
Rohstoffrente	Staatliche Kontrolle natürlicher Ressourcen	Extern; privat und staatlich; regional und international	Hoch (unmittelbare Absorption durch Staatsunternehmen oder staatliche Besteuerung)
Lagerente	Staatliche Kontrolle von Transporteinrichtungen	Extern; privat und staatlich; regional	Hoch (unmittelbare Absorption durch Staatsunternehmen oder staatliche Besteuerung)
Lagerente	Staatliche Kontrolle von Verkehrswegen	Extern; privat; international	Hoch (unmittelbare Absorption durch Staatsunternehmen oder staatliche Besteuerung)
Lagerente	Staatliche Kontrolle des Tourismussektors	Extern; privat; regional und international	Hoch bis mittel (teilweise Absorption durch Staatsunternehmen und staatliche Besteuerung, teilweise Absorption durch Privatsektor)
Strategische und politische Rente	Zuschüsse (grants) und weiche Kredite (soft loans) als staatliche Budgethilfen	Extern; staatlich; OECD und regional	Hoch (direkte Absorption in den Staatshaushalt oder staatliche Einheiten)
Strategische und politische Rente	Entwicklungshilfe (ODA)	Extern; staatlich; OECD und regional	Mittel (Absorption durch staatliche Institutionen; seit 1980er zunehmend durch zivilgesellschaftliche und privatwirtschaftliche Akteure)
Migrantenrente	Migrantenüberweisungen	Extern; privat; OECD und regional	Niedrig (an private Haushalte; teilweise Abschöpfung über Gebühren, Importzölle und Besteuerung)

Abbildung 2: Unterschiedliche Rentenformen in Entwicklungsländern. Eigene modifizierte Darstellung basierend auf Richter 2010: 161.

Wesentliche Auswirkungen staatlicher Renteneinnahmen sind, dass das herrschende Regime unabhängiger von gesellschaftlichen Forderungen wird. Somit haben Renten eine stabilisierende Wirkung auf die Obrigkeit. Erstens ist der Staat nicht mehr auf Besteuerung seiner Bevölkerung angewiesen. Seit den Anfängen der Rentierstaatstheorie wird er so als Allokationsstaat bezeichnet (Beblawi/Luciani 1987: 65). Zweitens kann er die Distribution von Renten als zentrales Mittel zur Erzeugung politischer Legitimität einsetzen (Richter 2010: 159). In der Rentierstaatstheorie werden hohe Renteneinnahmen als hinreichende Bedingungen für autoritäre Stabilität angesehen.[8] Als Hypothese gilt, dass ein überdurchschnittlich hohes Einkommen mit Exporterlösen

---

[8] Hier muss allerdings angemerkt werden das in der Forschung durchaus Einwände gegen die Kausalität von Renten und politischem System erhoben wurden. Theoretisch sei es durchaus möglich, das ein Land über hohe Renten verfügt, wie im Fall Israel oder Norwegen, aber ein demokratisches System aufweist. Intervenierende Variablen können die Wirkung von Rente verändern oder abschwächen (Richter 2004: 15; Richter 2010: 162).

aus mineralischen Rohstoffen wie Erdöl eine Demokratisierung verhindert und die Amtszeit autoritärer Herrscher verlängert (Richter 2010: 159; Schlumberger 2008: 120). Die Erzeugung politischer Legitimität und damit von Stabilität findet auf zwei verschiedene Arten statt: erstens durch Kooptation bestimmter strategisch wichtiger sozialer Gruppen die für den Machterhalt des Regimes von zentraler Bedeutung sind. Zweitens erbringt das Regime Wohlfahrtsleistungen, zum Beispiel durch Subvention von Grundnahrungsmitteln und kostenfreie oder günstige Bildungs- und Gesundheitssysteme. Ein dritter Faktor wirkt ebenfalls stabilisierend, jedoch nicht legitimitätsfördernd. Durch die Renteneinkünfte stehen Ressourcen für den Aufbau massiver und umfangreicher Sicherheits- und Kontrollapparate zur Verfügung (Schlumberger 2008: 119). Repression stellt somit einen weiteren stabilisierenden Grundpfeiler autoritärer Herrschaft dar.

Die Frage ob ein Staat als Rentierstaat bezeichnet werden kann, ist von dem prozentualen Anteil der Renten an seinen Staatseinnahmen abhängig. Typisch bei einem politischen System im Vorderen Orient ist, das es bei einem Rentenanteil von 40 % am Staatshaushalt als Rentierstaat bezeichnet wird. Aber auch Staaten deren Renteneinnahmen weniger als 40 % des Staatshaushalts ausmachen, fallen unter diese Kategorie. Kennzeichnend bei diesen 'Semi-Rentiers' ist, das auch Teile der Gesellschaft einen wesentlichen Teil der Renteneinnahmen abschöpfen können (Richter 2004: 14). So kann sich die auf der Abbildung 2 gezeigte Migrantenrente dem direkten Zugriff des Staates größtenteils entziehen und geht als direkte Einnahme an die Privathaushalte.

Wie kann nun der politökonomische Ansatz der Rentierstaatstheorie den neopatrimonialen Herrschaftsmodus erklären und fördern? Oliver Schlumberger dazu:

> "It is precisely the rent-influenced nature of state revenues which provides patrimonial leaders and, in a sort of trickling-down effect, the respective patrons on lower levels, with the material resources necessary to build up and maintain circles of loyal clients" (Schlumberger 2004: 38).

Der Wettbewerb wirtschaftlicher und politischer Eliten im neopatrimonialen System dient der Herrschaftssicherung. Das Überleben dieser Eliten hängt davon ab, wie gut sie sich selbst an die Quelle der Renten manövrieren und dabei mit Geschick die klientelistischen Netzwerke ausnutzen.[9] Doch der Wettbewerb findet nicht auf einem politischen oder wirtschaftlichen Marktplatz statt sondern auf den "(...)diwans of public administration for the establishment of personalistic ties to patrimonial decision-makers", wie es Oliver Schlumberger treffend formuliert (Schlumberger 2004: 69).

Was haben Renteneinnahmen noch für Auswirkungen auf die politische Ökonomie eines Staates? Durch die hohen Einnahmen kann ein mächtiger Staatsapparat aufgebaut werden, der nicht nur zu einem großen inländischen Arbeitgeber wird, sondern als Hauptakteur sämtliche wirtschaftlichen Aktivitäten kontrolliert und Ressourcen verteilt. Dies ist in allen arabischen Rentierstaaten der Fall, auch dort wo es keine Ära sozialistisch-kollektivistischer Ideologien gab[10] (Schlumberger 2004: 71). Auch in Ägypten stellte der Staat lange Zeit den Hauptarbeitgeber dar und kontrolliert bis heute als aufgeblähter bürokratischer Apparat die wirtschaftlichen Aktivitäten im Inland. Auf die Verhältnisse in Ägypten soll detaillierter im vierten Kapitel eingegangen werden.

Zusammenfassend ist zu sagen, dass das Hauptziel staatlichen Verhaltens und seiner Politikformulierung in einem neopatrimonialen Rentierstaat darin besteht, den Zufluss von Renten aufrechtzuerhalten, da diese das Fundament neopatrimonialer Herrschaft darstellen und diese sichern. Eine Verminderung oder ein Ausbleiben des Ressourcenstroms kann zu politischer Instabilität führen. Dies ist vor allem erstens dann der Fall, wenn es dem Herrschaftsregime nicht gelingt, die versiegenden Quellen durch neue zu ersetzen. Zweitens auch dann, wenn daraufhin ein Rückzug auf formale Positionen nicht erfolgreich ist, da deren legal-rationale Institutionen geschwächt oder nicht ausreichend ausgeprägt sind.

---

9 'Rent-seeking' bezeichnet dabei das Verhalten gesellschaftlicher Akteure in modernen Gesellschaften. Diese versuchen noch über den Profit hinaus Vorteile zu erlangen, etwa durch eine dominante Marktposition wie ein Kartell. Es kann aber auch eine bestimmte soziale Position sein die materielle Vorteile verschafft, welche sonst nicht auf dem Markt erlangt werden können (Schlumberger 2004: 68).
10 So waren in Jordanien vor 20 Jahren mehr als 50 % der Arbeitnehmer bei staatlichen Stellen beschäftigt, obwohl die dortige Wirtschaft primär vom privaten Sektor dominiert war und ist. Diese staatliche Beschäftigungsrate liegt höher als im sozialistischen China der 80er Jahre (Schlumberger 2004: 71).

3. Politische Entwicklung Ägyptens in der Mubarak-Ära

Das Ägypten unter Mubaraks dreißigjähriger Herrschaft war ein repressives autoritäres Regime. Die von der ägyptischen Regierung lancierten Floskeln von "democratic development (...) deepening of democratic practice, enhancing freedoms and laying down the state of law, institution and respect of human rights" sollten verschleiern, das sich das System Mubarak durch systematischen Wahlbetrug[11], offene und versteckte Gewalt gegen Opposition und Medien und mächtige repressive Kontrollapparate auszeichnete (Marfleet 2009: 15). Dabei herrschte nach Mubaraks Machtübernahme Ende 1981 eine durchaus liberale politische Atmosphäre, die es seit der Revolution von 1952 nicht mehr gegeben hatte. Neben dem größeren Ausmaß an Pressefreiheit versuchte der Nachfolger Anwar as-Sadats vor allem durch die Einbindung oppositioneller Gruppen und Experten in politische Entscheidungsprozesse eine Politik der 'nationalen Dialoge' zu führen[12] (Strohmayer 2007: 207). Mubarak verlängerte jedoch den politischen Ausnahmezustand, der seit dem Attentat auf seinen Vorgänger bestand, immer weiter und behielt die Dominanz der Exekutive im politischen System bei.[13] Strohmayer beurteilt dies als Begrenzung des Willens zur politischen Liberalisierung und Demokratisierung. Mubarak erlaubte zwar einer größeren Anzahl von Spielern eine Beteiligung in der Politik, die Definition und die Überwachung der Spielregeln blieb jedoch dem politischen Machtzentrum vorbehalten (Strohmayer 2007: 207). Sein kooperativer Stil erzeugte Anfang der 80er Jahre eine gewisse positive Aufbruchstimmung und weckte bei liberalen Kräften große Erwartungen.[14] Als zunehmende Bedrohung empfand das

---

11 So beschreibt Alaa Al-Din Arafat vor allem die Präsidentschaftswahl von 2005 und die dort vorgefallenen Manipulationen und Einschüchterungen (Arafat 2009: 119). So auch in den Kairo News der Konrad-Adenauer-Stiftung (KAS 2005-1: 5). Durch den Boykott der Parlamentswahlen von 1990 durch fast alle legalen Oppositionsparteien und die Muslimbrüderschaft, war es bei den Wahlen von 1995 zu den bis dato blutigsten Auseinandersetzungen der nachrevolutionären ägyptischen Geschichte gekommen. Von der Opposition wurde massive polizeiliche Repression und offener Wahlbetrug beklagt (Strohmayer 2007: 212).
12 In dieser Zeit entstanden neue Parteien und Nichtregierungsorganisationen. Auch die rechtlich nicht anerkannte Muslimbrüderschaft konnte ziemlich unbehelligt agieren (Strohmayer 2007: 207).
13 Mubaraks Vorgänger Anwar as-Sadat war durch einen islamistischen Soldaten getötet worden. Als Folge erklärte Mubarak den Ausnahmezustand, der immer wieder bis heute erneuert wurde und die repressive Machtausübung des Regimes konsolidierte (Marfleet 2009: 23).
14 Nach seinem Amtsantritt 1981 stellte er fest: "I believe democracy is the best guarantee of our future...I totally oppose the centralization of power and I have no wish to monopolise the decision making, because the country belongs to all of us and we all share a responsibility of it" (Kassem 2004: 54).

Regime das gute Abschneiden islamischer politischer Kräfte bei den Parlamentswahlen Mitte der achtziger Jahre. So konnte die Muslimbruderschaft ihre Mandatszahl von 8 im Jahr 1984 auf 30 im Jahr 1987 steigern. Die Begründung autoritärer Maßnahmen erfolgte nun mit dem Argument, auf diese Weise die Demokratie vor radikalen Kräften schützen zu wollen. In den neunziger Jahren setzte so eine politische Deliberalisierung und die Zunahme polizeilicher Repression ein (Strohmayer 2007: 208). Der Ausbau der staatlichen Exekutivorgane fiel vor allem in den Bereich der Sicherheits- und Polizeiabteilungen. Hunderttausende Einheiten von Sonderpolizeikräften unter direkter Befehlsgewalt der Mubarak-Elite und ein umfassendes Spitzelnetzwerk wurden geschaffen. Auch die Geheimdienste entwickelten sich zu einem aufgeblähtem Apparat paralleler und teilweise konkurrierender Organe (Marfleet 2009: 23). Die Terroranschläge vom 11. September 2001 in den USA, an denen mehrere Ägypter beteiligt gewesen waren, dienten dem Mubarak-Regime als weitere Rechtfertigung eines "Kampfes gegen den Terror", bei dem Massenverhaftungen und Verurteilungen von Zivilisten vor Militärgerichten gängiger Praxis entsprachen (Stromayer 2007: 213, Kassem 2004: 182). Menschenrechtsgruppen berichteten 2005 von über 16.000 Menschen, davon viele politische Gefangene, die in ägyptischen Gefängnissen ohne Gerichtsurteil und ohne Aussicht auf Freilassung inhaftiert waren. Viele von ihnen waren Misshandlungen ausgesetzt[15] (Arafat 2009: 139).

Durch eine von der Regierungspartei NDP durchgesetzte Verfassungsänderung wurde im Jahr 2005 der Präsident erstmals per Direktwahl vom Volk gewählt und nicht in einem parlamentarischen Nominierungsverfahren. Seit seinem Amtsantritt hatte Mubarak in diesem Verfahren stets eine Zustimmung von mehr als 90 Prozent für sich entscheiden können. Als Beweggründe für die Verfassungsänderung sahen Beobachter den wachsenden innen- und außenpolitischen Druck auf das Regime (KAS 2005-1: 8). Die Ankündigung der Bush-Administration, der arabischen Welt zu mehr Demokratie "verhelfen" zu wollen, übte Druck auf Mubarak aus. Über die mangelnde Unterstützung Ägyptens im Irak-Krieg enttäuscht, machte Bush das Land zum expliziten Ziel seiner

---

15 Die *Egyptian Organisation for Human Rights (EOHR)* berichtet von 532 Fällen polizeilicher Folter zwischen 1993 und 2004, davon 120 mit tödlichem Ausgang. Die realen Fallzahlen sind weit höher, da viele Familien aus Angst vor polizeilicher Repression schweigen. So berichtet das in Kairo ansässige *El Nadim Center for Psychological Management and Rehabilitation of Victims in Violence* von Foltermethoden wie Elektroschocks, Auspeitschungen, Isolationshaft, Vergewaltigung und sexuellem Missbrauch (El-Dawla 2009: 123).

Demokratisierungsmission im Nahen Osten.[16] Auch wenn sich Mubarak außenpolitische Einmischung in ägyptische Angelegenheiten vehement verbat, veranlasste ihn der Druck zu Handlungen, die Ägypten als reformwilligen Staat erscheinen lassen sollten. Zum Einen handelte es sich um die erwähnte Verfassungsänderung, zum Anderen flossen demokratische Reformversprechen in sein Wahlprogramm von 2005 ein[17] (Strohmayer 2007: 216). Weitere Gründe für den Reformdruck auf das Mubarak-Regime sahen Beobachter in der zunehmend verschlechterten sozioökonomischen Situation in Ägypten. Auch wenn das Regime mit der parlamentarischen Opposition in den "nationalen Dialog" trat, ließen sich außerparlamentarische Oppositionsbewegungen nicht hinters Licht führen und formierten die Bewegung *Kifaya* (Genug!) (KAS 2005-1: 8).

Dem Mubarak-Regime muss unterstellt werden, dass die Verfassungsänderung den Zweck hatte, dem Präsidenten eine höhere politische Legitimität zu verschaffen. Durch die kompetitive Direktwahl des Präsidentschaftskandidaten stellte sich Mubarak augenscheinlich einem demokratischen Auswahlverfahren.[18] In der Realität verbesserten sich die Chancen oppositioneller Kandidaten jedoch kaum. Die Oppositionsparteien bezeichneten die erfolgreiche Verfassungsänderung zur künftigen Direktwahl des Präsidenten als "politische Katastrophe" (KAS 2005-1: 10).[19] Laut Blaydes herrscht bei vielen Beobachtern darüber Einigkeit, dass die Verfassungsänderung zum Wahlgesetz eine Erfolgsstrategie zum künftigen Wahlerfolg von Hosni Mubaraks Sohn, Gamal darstellte (Blaydes 2011: 205). Der Regierungspartei NDP wurde somit die absolute

---

16 So lancierte Bush im Januar 2004 seine *Greater Middle East Initiative* mit konkreten Vorschlägen zur demokratischen Umgestaltung der Region, ohne die betroffenen Staaten im Vorfeld auch nur konsultiert zu haben (Stromayer 2007: 215). Detailliert dazu vor allem Blaydes 2011: 203.

17 So die Aufhebung des Ausnahmezustands nach Erlass eines Antiterrorgesetzes, Einschränkungen der Rechte des Präsidenten und Aufwertung derselben bei Regierung und Parlament. Die Einführung einer Frauenquote im Parlament und die Aufhebung restriktiver Bestimmungen im Mediengesetz zählten ebenfalls dazu. Ebd.

18 "Die allgemeine Enttäuschung, ja stellenweise Empörung, die sich nach Verabschiedung des Wortlauts der Verfassungsänderung breit machte, drohte diesen erhofften Legitimationszuwachs jedoch in Frage zu stellen" (KAS 2005-1: 12). Die Wahlbeteiligung von 2005 mit 28 Prozent zeigt eine politische Apathie der Wähler, wobei hier durch den systematischen Wahlbetrug noch ein niedrigerer Wert anzusetzen ist (Soliman 2011: 161).

19 Zukünftige institutionalisierte Vorteile für die Regierungspartei NDP ergaben sich aus folgenden neuen Regelungen: Präsidentschaftskandidaten können nur nominiert werden, wenn ihre Partei seit mindestens fünf Jahren existiert und über mindestens fünf Prozent Repräsentation im Parlament verfügt. Darüberhinaus muss der mögliche Kandidat von insgesamt mindestens 250 Mitgliedern der Volksversammlung, dem Shura-Rat und lokalen Räten anerkannt werden. Typischerweise verfügt die NDP über 75 Prozent der Sitze in der Volksversammlung und noch größere Anteile in den anderen Räten. Die Regierungspartei kann also jeden Kandidaten einer Oppositionspartei im Vorfeld ablehnen (Blaydes 2011: 206).

Dominanz über die Konditionen und Abläufe künftiger Wahlen zuteil. Gamal Mubarak erzielt so bei einer Präsidentenwahl durch den von der NDP institutionell optimal geebneten Weg eine vermeintlich höhere Legitimität, als es durch eine direkte "monarchische" Amtsübergabe von seinem Vater möglich wäre (KAS 2005-1: 5).

Die blutigen Wahlen von 1995, deren Ausgang nur durch massive Bestechungen und Gewaltakte beeinflusst werden konnten, zeigten die zunehmende Unzufriedenheit der ägyptischen Bevölkerung mit der Regierung und darauffolgend die chaotische und schwache Organisationsstruktur der NDP. Bei den Wahlen von 2000 hatte die Partei mit lokalen NDP-Funktionären zu kämpfen, die lieber ihre lokalen Patronagenetzwerke unterstützten, als Ziele und Ideen der nationalen Führung zu repräsentieren. Diese Inkohärenz führte zu einem schlechten Wahlergebnis. Trotz massivem Wahlbetrug und repressiver Maßnahmen schafften es nur 32 Prozent der NDP-Kandidaten sich erfolgreich durchzusetzen. Die NDP erreichte im Parlament nur deshalb eine Mehrheit, indem sie einige ehemalige NDP-Funktionäre zu sich zurückholte, die als unabhängige Kandidaten aufgetreten waren (Rutherford 2008: 218). Diese Grabenkämpfe innerhalb der Partei zeigen den Aufstieg interner neuer Akteure, die die alte Elite mit ihren Forderungen konfrontierten. Die Strategie der Regierung mit ihren demokratischen Reformversprechen und die Förderung Gamal Mubaraks der zum Repräsentant einer neuen politischen Generation avancierte, ist nicht zuletzt auf die internen Konflikte der Regierungspartei zurückzuführen. Das Aufkommen neuer politischer und wirtschaftlicher Eliten und ihre Bedeutung für die 'alte Garde' des Regimes soll im übernächsten Kapitel genauer behandelt werden.

Der *Transparency International Perceptions Index* misst seit 1995 die Korruption im öffentlichen Sektor weltweit. Dort steht Ägypten an 112. Stelle von insgesamt 182 Plätzen, weist also eine hohe Korruption auf (Transparency International 2012).[20] Anhand eines sogenannten CPI-Werts, der hohe und niedrige Korruption misst und in dieser Reihenfolge von Eins bis Zehn reicht, sind genaue Ländervergleiche möglich.

---

20 In der MENA-Region hält das Land den 12. Platz von insgesamt 17 Plätzen, ist also ebenfalls recht weit hinten angesiedelt (Ebd.).

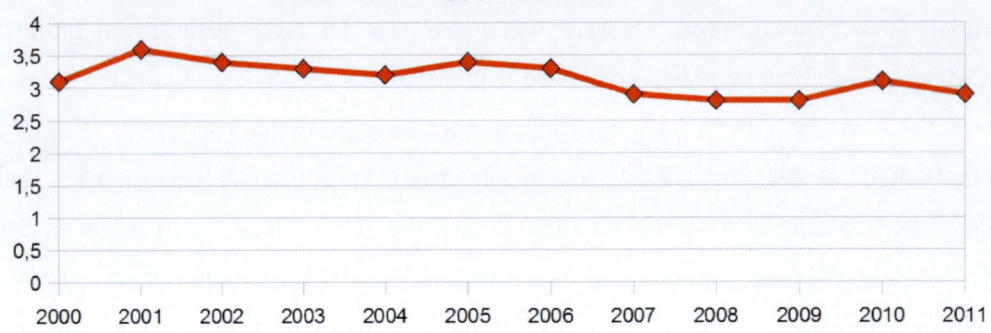
Abbildung 3: Corruption Perceptions Index in Ägypten von 2000 - 2011. Eigene Darstellung aus Daten des Transparency International Perceptions Index.

Anhand der Abbildung lässt sich keine Verbesserung der Korruptionsrate in Ägypten feststellen, der Wert bewegt sich sogar tendenziell eher in Richtung eines niedrigeren Werts und lässt damit die Schlussfolgerung einer ansteigenden Korruption zu. Die korrupten politischen und wirtschaftlichen Eliten sind meist enge Vertraute Hosni Mubaraks oder seines Sohnes Gamal (Arafat 2009: 141). Während unter dem früheren ägyptischen Staatspräsident Gamal Abdel Nasser Korruption hart bestraft wurde, verschwanden derartige Sanktionen in der Mubarak-Ära praktisch komplett (Blaydes 2011: 11). Lokale Korruption und die Zunahme der Verflechtung zwischen Wirtschaft und Politik sind nicht zuletzt auf die sinkenden Renteneinnahmen zurückzuführen.

Eine wichtige Rolle in der politischen Stabilität des ägyptischen Regimes stellen externe Akteure dar, die durch finanzielle Hilfeleistungen einen großen Teil der Renteneinnahmen der Machteliten absichern. Als wichtigster Akteur sind hier die USA zu nennen. Mit ihnen war Mubarak, seit er sie im zweiten Golfkrieg militärisch unterstützte, eng verbunden. Nachdem sein Vorgänger Sadat einen pro-westlichen marktliberalen Kurs eingeschlagen und sich die Missgunst der arabischen Liga zugezogen hatte, schaffte es Mubarak eine wichtige Rolle als Vermittler zwischen den arabischen Staaten und den westlichen Staaten im Nahostkonflikt einzunehmen (KAS 2005-2: 4). Strohmayer spricht ihm diesbezüglich ein hohes diplomatisches Geschick zu, das Land wieder in das Zentrum der arabischen Welt zurückzubringen und seine regionalpolitische Bedeutung gegenüber Israel und den USA sowie den arabischen Staaten durchzusetzen und zu behaupten (Strohmayer 2007: 288). Diese Freundschaften ließ er sich teuer bezahlen indem er das "window of opportunity" des zweiten Golfkriegs nutzte und seine militärische Hilfe mit der Gegenleistung einer äußerst großen Schuldenstreichung verband[21] (Strohmayer 2007: 288).

Die ökonomische Liberalisierung im Ägypten der 1990er Jahre hatte keinen vergleichbaren Prozess in der politischen Sphäre zur Folge. Die US-Administration war durch die Zusammenarbeit mit dem Mubarak-Regime in den vergangenen Dekaden zu der Überzeugung gelangt, das ihre langfristigen Interessen in der Region durch Mubarak ideal vertreten wurden - ungeachtet seiner Untätigkeit in Bezug auf rechtsstaatliche Reformen. Unter dem Banner des "war on terror" spielte Mubaraks repressives Regime in einem globalen Netzwerk peripherer Folterstätten eine nützliche Rolle unter dem *Extraordinary Rendition programme* der CIA (Alexander 2009: 146).

Mubaraks außenpolitischer Kurs hatte auch Auswirkungen auf die innenpolitischen Verhältnisse. Die Radikalisierung der islamistischen Bewegung Ägyptens ist eng mit den Aktivitäten des ägyptischen Staates und seiner Partnerschaft zu den USA verknüpft. Viele Islamisten wurden in den 80er Jahren nach dem Attentat auf Sadat inhaftiert. Nach ihrer Freilassung finanzierten und bewaffneten die USA und Saudi-Arabien die islamistischen Kämpfer im Krieg gegen die Sowjetunion in Afghanistan . Der Dschihad islamischer Aktivisten fand nach ihrer Rückkehr auch Gehör in der ägyptischen Oppositionsbewegung. Einige der ägyptischen Aktivisten entwickelten sich zu den Mitgründern und Anführern der dschihadistischen al-Quaida (Alexander 2009: 147).

Im Vergleich zu Mubaraks außenpolitischen Erfolgen zuvor, stieß die Invasion des Iraks durch die USA im Jahr 2003 auf massiven Protest in der arabischen Welt und in der ägyptischen Gesellschaft. Mubarak gelang es nicht, seine Rolle von 1991 im zweiten Golfkrieg fortzuführen und musste sich mit zahlreichen ägyptischen Demonstrationen und Protestaktionen auseinandersetzen. Anne Alexander vertritt die Auffassung, das sich hier Mubarak darin bestärkt sah, keine demokratischen Reformen voranzutreiben und insbesondere keinen politischen Raum für die oppositionsdominierenden Islamisten zu gewähren[22] (Alexander 2009: 147).

---

21 Ägypten unterstützte die *Operation Desert Storm*, bei der irakische Truppen aus Kuwait vertrieben wurden. Dafür erhielt das Land einen Schuldenerlass von 7 Milliarden US-Dollar (Alexander 2009: 142). Saudi-Arabien und die Golfstaaten strichen weitere rund 8 Milliarden US-Dollar öffentlicher Schulden und einige westliche Staaten zeigten sich durch Finanzhilfen erkenntlich. Ägypten konnte dadurch seine Staatsschulden etwa halbieren (Strohmayer 2007: 179).
22 Aber auch die US-Rhetorik wechselte nach den Wahlerfolgen der Muslimbrüderschaft von "heady rhetoric and strong action in support of democratic transformation throughout the Middle East to a cold realism that counsels warm relations with dictators in exchange for their help on counterterrorism

3.1 Neopatrimonialismus unter Staatspräsident Husni Mubarak

Das Verhältnis von Staat und Gesellschaft in Ägypten ist seit Nasser von einem Sozialvertrag zwischen Herrschern und Bevölkerung geprägt. Das Versprechen von Wohlstand und Entwicklung im Austausch gegen Loyalität garantierte die Absenz fundamentaler politischer Forderungen nach Reformen. Politische Partizipation erfolgte in kontrollierbaren Institutionen wie Einheitsgewerkschaften und -parteien (Harders 2008: 3). Herrschaftslegitimation wurde also mit umfangreichen Subventions- und Sozialleistungen erkauft. Letztere nehmen durch ökonomische Liberalisierungsprozesse und die Stärkung des Privatsektors ab, nicht zuletzt auch durch das extreme Bevölkerungswachstum der letzten Jahrzehnte[23] (Demmelhuber 2010: 139). Der neue "Sozialvertrag der Informalität" hingegen, bietet aufgrund neoliberaler Wirtschaftsreformen wenige wohlfahrtsstaatliche Leistungen. Besonders den sozial schwächeren Gruppen werden nun informelle Teilhabemöglichkeiten anstatt einklagbarer Rechte geboten. Informelle klientelistische Beziehungen bestimmen das tägliche Handeln der Menschen in der Gesellschaft. So leben die armen Bewohner Kairos in riesigen informellen Stadtteilen, der Strom und das Wasser werden illegal aus den Netzen abgezweigt. Netzwerke in der Nachbarschaft, der Herkunft und der Familie sind überlebenswichtig (Harders 2008: 3).

Während hier gezeigt werden kann, dass die gesamte ägyptische Gesellschaft von neopatrimonialen Strukturen durchzogen ist, spielen diese im Machtzentrum der politischen Eliten eine besondere Rolle. Letztere weisen im ägyptischen System eine heterogene Struktur auf, da sie im Gegensatz zu den abgeschotteten Zirkeln sozialer Gruppen, Cliquen und Familien wie in Syrien, Irak und den meisten Golfstaaten, den Zugang zur Kernelite offen hält.[24] Präsident Mubarak ist an der Spitze der politischen Machtelite positioniert und besitzt dort die absolute personalisierte Macht über die einzelnen Säulen des ägyptischen Staates.[25] Die Polarisation der Eliten besteht laut Albrecht

---

and other strategic matters" Alexander 2009: 148).
23 Die Bevölkerungsanzahl stieg von 1975 mit fast 38 Millionen Einwohnern auf über 79 Millionen im Jahr 2011 (Ibrahim 2006: 11, CAPMAS 2011a).
24 So wie der Tikrit-Clan des früheren irakischen Diktators Saddam Hussein, Familienclans wie in Saudi-Arabien oder Stammesvertreter im Jemen, deren Zugänge zur Kernelite anderen Exponenten verschlossen bleiben (Albrecht 2005: 380).
25 Die Macht des Präsidenten kombiniert mit seiner Patronage die er an Untergebene delegiert, bringt eine klientelistische Struktur hervor die ihn selbst als "ultimate patron" huldigt (Kassem 2004: 168). Dieser Machtumfang der Exekutive besteht in Ägypten bereits länger als die Ära Mubarak: "Since

zwischen den Ministerien, der dominanten Staatspartei NDP, der Bürokratie und dem Militär, welche alle um finanzielle Ressourcen, Posten und Einfluss wetteifern (Albrecht 2005: 380). Thomas Demmelhuber erweitert die rivalisierenden Akteure zusätzlich auf Geheimdienst, Wirtschaftseliten, Gewerkschaftsfunktionäre, Gerichtsbarkeiten und religiöse Institutionen wie die al-Azhar-Universität. Die Kernelite ist laut Demmelhuber die Präsidentenfamilie mit ihrem engsten Beraterstab. Sie spielt die verschiedenen Akteure gegeneinander aus und verhindert somit die Entstehung paralleler Machtzentren zu ihrem eigenen (Demmelhuber 2010: 140). Die Logik autoritärer Überlebensstrategien beschreibt der ägyptische Kommentator Ayman al-Amir wie folgt:

> "Autocracies perpetuate themselves in power through a supporting, beneficiary elite. This is not the standard electorate that votes governments and presidents in and out of office in decent democracies. Rather, they consist of exclusive special interest groups and include security officials, business tycoons, regime propagandists and self-serving political aspirants. To guarantee loyalty, the elite have to be awarded special privileges and lucrative incentives. They often stand to lose everything, and risk legal prosecution, should the alliance of interests collapse. So they are bonded to the regime and become its main apologists" (Blaydes 2011: 8).

Maye Kassem zeigt anhand einer Untersuchung für die 1990er Jahre, das Mubarak über ein personalisiertes Netzwerk ihm ergebener Bürokraten, Akademiker und Militärs das gesamte politische System dominiert (Kassem 1999: 32). Jedoch nahm vor allem durch die Privatisierungsreformen der neuen Regierung seit 2004 die Bedeutung des öffentlichen Sektors ab. Die traditionell sehr starke Position der Bürokratie im politischen Machtgefüge Ägyptens erfuhr eine Schwächung. Die Beamtenschaft, die als privilegierte *follower* Mubaraks galten und selbst stark an der Aufrechterhaltung des Status Quo interessiert waren, ist zahlenmäßig immer kleiner geworden (Strohmayer 2007: 279).

Lisa Blaydes sieht kompetitive politische Wahlen in Ägypten als einen zunehmend wichtigen Weg des Regimes, die Verteilung von Ressourcen an rent-seeking-Eliten zu steuern. Diese Perspektive steht im Kontrast zu der Annahme, ökonomische Liberalisierung würde auch gleichzeitig die Weiterentwicklung demokratischer Entscheidungsprozesse zur Folge haben. Ökonomische Liberalisierung führt zu einem Einbruch der

---

1952 all political activity, including the policy-making process, remains under the exclusive control of the president" (Kassem 1999: 23).

Ressourcen des ägyptischen Regimes[26] und dadurch zu Einschränkungen in der Fähigkeit sich politischen Support zu erkaufen (Blaydes 2011: 47).

Das neopatrimoniale Herrschaftsstrukturen im ägyptischen System existieren und damit der Neopatrimonialismus einen geeigneten Erklärungsansatz liefert, konnte hier offenkundig dargelegt werden.

3.2 Aufstieg einer neuen gesellschaftlichen Elite

Im Sommer 2004 überraschte Mubarak viele Beobachter mit einer Auswechslung des Regierungskabinetts und beauftragte den früheren Kommunikations- und Informationstechnologieminister Ahmed Nazif mit der Bildung einer neuen Regierung. Nazif galt als Vertreter einer neuen Generation und hatte sich im In- und Ausland den Ruf eines Reformers erworben (Demmelhuber 2010: 139). Die Umsetzung liberaler Wirtschaftskonzepte erfuhr nun eine kräftige Beschleunigung, für das sich auf politischer Seite ein Team von relativ jungen Wirtschaftsexperten verantwortlich zeigte. Diese durch die erfolgte Kabinettsumbildung von 2004 ins Ministeramt gekommenen Politiker, galten als enge Vertraute und Freunde vom Präsidentensohn Gamal Mubarak. Letzterer muss nicht nur in den letzten Jahren vor der Kabinettsumbildung mit seiner wirtschaftswissenschaftlichen Ausbildung und Berufserfahrung, als wichtigster Berater seines Vaters betrachtet werden (Schlumberger 2004: 130).

Die erhöhte mediale Aufmerksamkeit auf Gamal Mubarak, die er aufgrund von Spekulationen um eine mögliche Amtsnachfolge seines Vaters erfuhr, nutzte ihm zur Schärfung seines liberalen Profils. Er profilierte sich als Repräsentant einer jungen Generation und ihrer Wünsche. Seine Reformrhetorik umfasste die Integration Ägyptens in die Weltwirtschaft, die Forcierung von Privatisierungen, die Bekämpfung der Arbeitslosigkeit und die Stärkung von Frauen und der jungen Generation in der Politik. Eine reale Umgestaltung politischer Herrschaftsmechanismen war jedoch zu keiner Zeit von ihm zu erwarten[27] (Arafat 2009: 188). Vielmehr ist die neue Rhetorik des Regimes seit 2004 als kosmetischer Reformakt zu bewerten, der nichts an der bereits beschriebenen Logik der neopatrimonialen Handlungsmechanismen wie Klientelismus, Patronage und Korruption ändern sollte (Demmelhuber 2010: 140).

---

26 Darauf wird in Kapitel 4.2 genauer eingegangen.
27 So empfand Gamal Mubarak den seit 1981 geltenden Ausnahmezustand als nötig um den Terrorismus zu bekämpfen (Ebd.).

Die junge, multilinguale und gut ausgebildete "Gamal-Clique" ist laut Alaa Al-Din Arafat eher Modernisierer als Reformer und aus Mitgliedern semi-liberalisierter Neokonservativer zusammengesetzt (Arafat 2009: 190). Die Machtverbindungen dieser neuen Akteure reichen in das aufstrebende Unternehmerlager, das sich durch die Stärkung des Privatsektors herausgebildet hat. Während Hosni Mubarak seine politische Karriere auf Verbindungen zum Militär aufbaute, ist sein Sohn Gamal in zahlreichen Firmenbeteiligungen und -gründungen integriert. Das politische Sekretariat der NDP baute Gamal als Vorsitzender zu einem politischen und ökonomischen Machtzentrum aus, das erheblichen Einfluss auf die Ausgestaltung der Regierungspolitik nahm (Demmelhuber 2010: 144). Die Allianz der Wirtschaftselite mit der Kernelite um die Präsidentenfamilie dient dabei der Konservierung von Eigentums- und Machtverhältnissen. Die neue Wirtschaftselite tritt dabei im Vergleich zur 'alten Garde' der politischen Eliten entideologisiert auf. Sie stützt sich nicht mehr auf pan-arabische Ideologien und Selbstlegitimation durch den arabisch-israelischen Konflikt. Vielmehr strebt sie zum beiderseitigen ökonomischen Vorteil ein gutes Verhältnis zu Israel an[28] (Demmelhuber 2010: 147).

Außenpolitisch erzielte die vorgebliche Reformfreudigkeit des ägyptischen Regimes mit dem Präsidentensohn als Repräsentant erste Erfolge. US-Präsident George W. Bush sprach im September 2006 explizit Gamal Mubarak seine Anerkennung für die Erneuerung politischer Verhältnisse aus (Strohmayer 2007: 217). Der Reformdruck auf Ägypten schwächte sich deutlich ab, insbesondere durch die massiven Stimmenzuwächse der Muslimbrüder bei den Parlamentswahlen in Ägypten 2005 und dem Wahlsieg der Hamas nach den demokratischen Wahlen Anfang 2006 in Palästina (Strohmayer 2007: 217). Den USA wurde deutlich, dass eine politische Liberalisierung und die Konsolidierung kompetitiver Wahlprozesse der Stärkung islamischer Parteien zugute kam. Die verbliebenen innerstaatlichen Reformbegehren der außerparlamentarischen Opposition müssen allerdings als entscheidende Faktoren angesehen werden, die das Regime weiterhin unter Druck setzten.

---

28 Ein Beispiel dafür ist die Unterzeichnung eines Abkommens über die Einrichtung einer den Gaza-Streifen umgehenden Pipeline, die Israel für mindestens 20 Jahre den Bezug von Erdgas zusichert. Das im Jahr 2005 unterzeichnete Abkommen wird durch ein ägyptisch-israelisches Konsortium umgesetzt und umfasst einen Gesamtwert von 2,5 Milliarden US-Dollar. In Ägypten führte dieser Schritt zu heftigen Debatten (Demmelhuber 2010: 147).

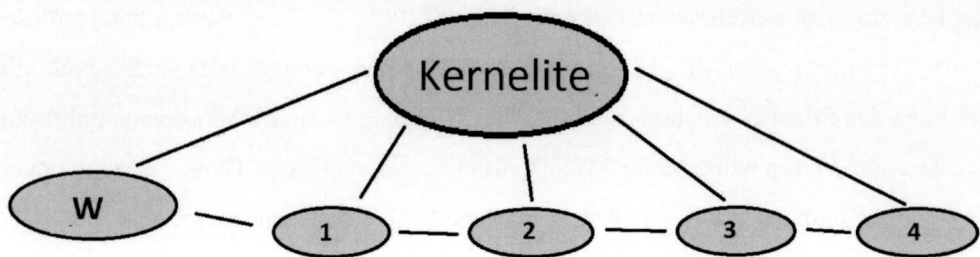

Abbildung 4: Horizontale und vertikale Machtdiskurse in der Herrschaftselite. Dabei tritt die Wirtschaftselite im Umkreis von Gamal Mubarak (W) als neuer, kraftvoller Akteur auf. Akteursgruppen 1-5 umfassen z.B. das Militär oder die al-Azhar-Universität. Natürlich überschneiden sich die Akteursgruppen auch, da z.B. Vertreter der Parteibürokratie auch im Militär oder in der Wirtschaftselite zu suchen sind.
Quelle: Eigene modifizierte Darstellung nach Demmelhuber 2010: 142.

4. Ökonomische Entwicklung Ägyptens in der Mubarak-Ära

Die Wirtschaftsreformen der Liberalisierung und Stärkung des Privatsektors gehen bis auf Mubaraks Vorgänger Sadat zurück. Dieser hatte mit seiner *infitah*-Politik der wirtschaftlichen Öffnung ab 1974 versucht, die externen Staatseinnahmen zu erhöhen und zu konsolidieren, ohne dabei die Allokationsmacht des Regimes zu schwächen (Schlumberger 2004: 97). Seine Politik erlaubte erstmals, privatwirtschaftlichen Akteuren in Ägypten Fuß zu fassen und lockte damit ausländische Investoren an. Der Versuch die Rolle des Staates zu reduzieren, ging mit Subventionskürzungen auf Grundnahrungsmittel und Treibstoff einher und hatte 1977 gewaltsame Proteste, die 'bread riots' zur Folge (Marfleet 2009: 21).

Der zentralisierte ägyptische Wohlfahrtsstaat, der das Erbe der Wirtschaftspolitik Gamal Abdel Nassers darstellte, basierte auf einem überaus großen öffentlichen Sektor und einem weitem Netzwerk öffentlicher Subventionen.[29] Der aufgeblähte Bürokratieapparat beschäftigte in der Nasser-Ära rund 50 Prozent der landesweit Erwerbstätigen (El-Naggar 2009: 35). In der Ära Sadats sollte die Vergrößerung des privaten Sektors durch Privatisierungen von Staatsbetrieben die staatliche Beschäftigungsrate weiter senken[30] und Ägypten in das System der internationalen Arbeitsteilung integrieren (Richter 2011: 220).

Das sozioökonomische Profil Ägyptens änderte sich mit der Wirtschaftspolitik Sadats, genau wie die externen Einnahmen des Staates. Galt das Land den arabischen Golfstaaten vormals als 'Frontstaat' gegen Israel und erfuhr durch sie eine massive wirtschaftliche und militärische Unterstützung, änderten sich diese Beziehungen nach der Unterzeichnung des Camp-David-Abkommens von 1979. Durch die Regelung eines Friedensabkommens mit Israel wurde das Land bis heute zu einem Empfänger militärischer, wirtschaftlicher und technischer Hilfen der westlichen Industriestaaten, vor allem der USA (Schlumberger 2004: 98). Zwischen 1977 und 2007 erhielt die ägyptische

---

29 Der arabische Sozialismus unter Nasser scheiterte an seiner wirtschaftlichen Ineffizienz und Schwäche, sowie an dem wachsenden Haushaltsdefizit des ägyptischen Staates. Fehlende Investitionen in bestehende Staatsbetriebe und die daraus resultierende industrielle Rückständigkeit und hohe Subventionsleistungen an die Bevölkerung trugen zum ökonomischen Druck auf das System Nasser bei (Weiss/Wurzel 1998: 21).
30 Bis zum Jahr 2003 war die Rate nur sehr geringfügig auf etwa 40 Prozent gesunken (Ibrahim 2003: 100).

Regierung über 62 Milliarden US-Dollar Wirtschafts- und Militärhilfe. Diesen Betrag von durchschnittlich 2,1 Milliarden US-Dollar im Jahr bekommt sonst kein Land auf der Welt von den USA außer Israel[31] (Alexander 2009: 138).

Mubarak setzte die Wirtschaftspolitik seines Vorgängers fort und nannte sein Projekt 'productive *infitah'*. Angesichts einer drohenden Schuldenkrise erfüllte das unter Druck gesetzte ägyptische Regime sämtliche Vorgaben neoliberaler Reformprogramme des IWF und der USA.[32] Innenpolitisch mussten gleichzeitig die Interessen der politischen Eliten gewahrt bleiben. Das Resultat war ein Staat der über ökonomische und politische Angelegenheiten die zentrale Kontrolle behielt und sich gleichzeitig für eine hohe Konzentration von Privatkapital auch im eigenen Staatsapparat interessierte.[33] So war das Ägypten Mitte der 90er Jahre im "(...) grip of a nexus of cronies, officers, bureaucrats and public sector managers" (Marfleet 2009: 22).

Unter der Supervision des IWF startete Ägypten 1991 das *Economic Reform and Structural Adjustment Program (ERSAP)*, welches neben der Verringerung der staatlichen Subventionen die weitere Privatisierung von Staatsunternehmen im Fokus hatte. Eine Reihe von Gesetzen wurde verabschiedet, mit denen marktwirtschaftliche Reformen erzielt und Investitionssicherheit geschaffen werden sollten. Die Mitgliedschaft Ägyptens in der WTO ab 1995 brachte dem Regime weitere Auflagen zum Erlass von Gesetzen zur Marktliberalisierung und der Anpassung von Bestimmungen an internationale Normen (Rutherford 2008: 199). Die Anpassung der Steuerpolitik stellte ebenfalls eine wichtige Weiche zur Verringerung des Budgetdefizits dar. Eine allgemeine Umsatzsteuer wurde Anfang des Jahrtausends eingeführt, das Einkommensteuergesetz reformiert.[34] Der neue Finanzminister Youssef Boutros Ghali der sich ab 2005 mit weiteren fiskalischen Reformen befasste, reduzierte die maximale Besteuerungsrate auf kommer-

---

31 Ägypten erhielt darüberhinaus von den USA zahlreiches militärisches Equipment. So kaufte das Land 1999 in einem 'gängigen' Umfang Kampfflugzeuge, Helikopter, Raketen und hunderte Panzer von den USA. Der Auftragswert umfasste über 4 Milliarden US-Dollar (Alexander 2009: 138).
32 In den späten 80er Jahren hatte Ägypten beim IWF und ausländischen Gläubigern Schulden in Höhe von 50 Milliarden US-Dollar angehäuft (El-Naggar 2009: 36).
33 So veräußerte Ägypten von 1991 bis 2000 Staatsunternehmen im Wert von über 12,3 EGP. Dabei blieb in vielen Fällen der ägyptische Staat der größte Anteilseigner, behielt also faktisch die Kontrolle über das jeweilige Unternehmen (Rutherford 2008: 198).
34 Die Einführung einer Verkaufssteuer hat die fiskalischen Staatseinnahmen diesbezüglich zwar erhöht. Schaut man sich jedoch die Anteile dieser Einnahmen am BIP im direkten Vergleich mit den schwindenden Anteilen aus den Zolleinnahmen an, zeigt sich durch diese Reform keine generelle Erhöhung der Staatseinnahmen in diesem Bereich. Die durch die Handelsliberalisierung stark gefallenen Zolleinnahmen werden durch die neuen Einnahmen aus der Verkaufssteuer gerade kompensiert. Zu sehen anhand von Richter 2011: 270.

zielle Gewinne um 20 Prozent. Der Grund dafür lag in dem massiven Umfang von Steuerhinterziehungen und den ineffizienten steuerlichen Kontrollsystemen in Ägypten. Das Firmen eher Steuerhinterziehung betreiben wenn sich das Risiko aufgrund von hoher Besteuerung besonders lohnt, stellte die Begründung dieser Maßnahme dar. Soliman zeigt allerdings in einer Untersuchung, das die Steuereinnahmen auf Unternehmensgewinne im privaten Sektor seit 2005 aufgrund dieser Reform abgenommen haben (Soliman 2011: 125).

Subventionskürzungen fielen für eine Reihe von Gütern wie Elektrizität und Nahrungsmittel an. Zur Abfederung der aus den Subventionskürzungen anfallenden sozialen Härten für eine breite Bevölkerungsschicht wurde 1991 ein hauptsächlich durch externe Gelder finanzierter *Sozialfonds für Entwicklung* geschaffen, dessen Arbeit weit hinter den Erwartungen zurückblieb. Laut Albrecht, Pawelka und Schlumberger ist die ursprüngliche Aufgabe des Fonds, nämlich die schädlichen sozialen Auswirkungen der Strukturanpassungen vor allem für die ärmeren Bevölkerungsschichten zu mildern, nicht erreicht worden (Albrecht/Pawelka/Schlumberger 1997: 51). Wo keine Subventionskürzungen anfielen, gab es in einigen Fällen eine künstliche Verknappung subventionierter Güter.[35] Die Sicherstellung der nötigsten sozialen Dienste und der Entwicklungsarbeit übernahmen in vielen Fällen nun islamische Organisationen, NGO's und der private Sektor, der Staat hatte sich aus der Sozialpolitik zurückgezogen (Blaydes 2011: 44). Die Anteile der Transferleistungen und Subventionszahlungen, folglich die Gelder für die Bereitstellung öffentlicher Leistungen wurden massiv reduziert.[36] Wie auf Abbildung 5 zu sehen ist, rangiert Ägypten bei diesen Zahlungen im Vergleich zu anderen Ländern auf dem letzten Platz. Die sogenannten "Remittances and Subsidies" im Prozentanteil am BIP betragen nur 4,1 Prozent.

---

35 So kam es beispielsweise zu Auseinandersetzungen vor Bäckereien, da es kein subventioniertes Brot mehr gab. Als im Jahr 2008 die Weltmarktpreise für Benzin stark anstiegen, war in Ägypten sehr häufig die Verfügbarkeit von Treibstoff mit 80 Oktan eingeschränkt, da dieser vom Staat subventioniert wurde. Die Bevölkerung musste auf das deutlich teurere, nicht subventionierte 90-Oktan-Benzin zurückgreifen (Blaydes 2011: 44).

36 Ägyptens Ausgaben für das Gesundheits- und Erziehungswesen verringerten sich seit etwa 2000 fortlaufend. Lediglich 1,8 Prozent des BIP wendete das Land im Jahr 2002 für Ausgaben im Gesundheitssektor auf (Ibrahim 2006: 87). Im Haushaltsjahr 2007/08 waren diese Ausgaben weiter auf 1,5 Prozent des BIP gesunken. Die Leistungen für soziale Sicherheit sanken auf 0,5 Prozent (UNDP 2010: 249).

	Population (m)	GDP (US$)	Public expenditure (US$)	Remittances and subsidies (US$)	Public expenditure as % of GDP	Remittances and subsidies as % of GDP	Remittances and subsidies as % of public expenditure	Per capita share of remittances and subsidies (US$)
Egypt	74	89,369	20,197	3,636	22.6	4.1	18	49
Tunisia	10	28,685	8,462	2,877	29.5	10.0	34	288
Morocco	30	5,1621	16,157	3,878	31.3	7.5	24	129
Algeria	33	102,256	24,644	12,322	24.1	12.1	50	373
Norway	5	295,513	100,770	67,516	34.1	22.9	67	13,503
S. Korea	48	787,624	168,552	87,647	21.4	11.1	52	1826
China	1,305	2,234,297	248,007	158,724	11.1	7.1	64	122
S. Africa	47	239,543	70,905	39,707	29.6	16.6	56	845
UK	60	2,198,789	903,702	487,999	41.1	22.2	54	8,133
Greece	11	225,206	99,541	39,816	44.2	17.7	40	3,620
France	61	2,126,630	980,376	519,599	46.1	24.4	53	8,518
Belgium	10	370,824	156,859	79,998	42.3	21.6	51	8,000
Germany	82	2,794,926	872,017	715,054	31.2	25.6	82	8,720
USA	296	12,416,505	2,632,299	1,601,729	21.2	12.9	61	5411
Global	6,438	44,665,437	12,595,653	5,538,514	28.2	12.4	44	860

Abbildung 5: Transferleistungen und Subventionszahlungen im Jahr 2005, Ägypten und ausgewählte Länder (El-Naggar 2009: 37, World Bank 2007: 194, 226).

Der entsprechende Anteil an den gesamten öffentlichen Ausgaben mit 18 Prozent bringt das Land ebenfalls auf den letzten Platz.

Das hier gezeigte Bruttoinlandsprodukt Ägyptens hat sich von 2005 bis 2009 auf fast 189 Milliarden US-Dollar mehr als verdoppelt (World Bank 2011: 198). Obwohl auch die öffentlichen Ausgaben deutlich anstiegen, blieb eine Inkonsistenz zwischen dem steigenden Bruttoinlandsprodukt und den abnehmenden Lebensstandards des größten Teils der Bevölkerung. 2007 gab es über 500 Milliardäre und eine Million Millionäre in Ägypten, während über 40 Millionen Ägypter von einem Einkommen unter 2 US-Dollar am Tag zehrten (Blaydes 2011: 45).[37] Aber auch im berufstätigen Teil der Bevölkerung schwand die Kaufkraft aufgrund zu niedriger Löhne und der grassierenden Inflation, die von 2004 bis Juni 2008 auf über 20 Prozent stieg. Im Durchschnitt der Mubarak-Ära lag diese bei 12 Prozent (El-Naggar 2009: 44). Zur steigenden Inflation gesellte sich in den letzten Jahren eine erhebliche Preissteigerung bei den Konsumgütern (Abb. 6).

---

37 Der Automobilhersteller BMW berichtete über eine 20-prozentige Zunahme an Autoverkäufen in Ägypten im Jahr 2007. Während laut Vertretern der ägyptischen Autoindustrie etwa 5% der ägyptischen Autos zur Luxusklasse zählen, macht diese Klasse über 50% der im ersten Halbjahr 2008 verkauften Autos aus (Blaydes 2011: 45).

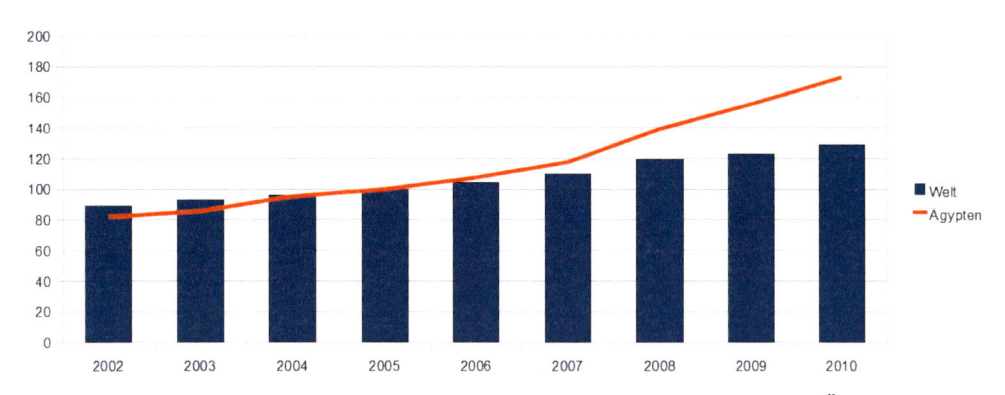

Abbildung 6: Consumer Price Index und die Preissteigerungen im Vergleich von Ägypten/Welt (World Bank 2011b).

Der steigende ökonomische Druck auf den größten Teil der ägyptischen Bevölkerung, sowie die steigende Kluft zwischen Arm und Reich wird anhand dieser Faktoren deutlich. Doch auch der Staatshaushalt des Landes sieht zum Ende der Mubarak-Ära fragil aus. Die Zahlungsbilanz fiel von 2007 bis 2011 von einem positiven Ergebnis auf einen Verlust für 2011 von über 6,6 Milliarden US-Dollar. Wie Abbildung 7 zeigt, war die Höhe des Defizits selbst in der Haushaltskrise der 80er Jahre nicht derart hoch gewesen.[38]

Abbildung 7: Zahlungsbilanz Ägyptens von 1980 bis 2012 nach Daten des IMF.

---

38 Anhand der Abbildung lässt sich erkennen, das der starke negative Trend in der Zahlungsbilanz bereits 2007 beginnt und ein sehr tiefes Niveau 2009 erreicht. Anfang 2011 wird das Defizit durch die verheerenden wirtschaftlichen Auswirkungen der Revolution noch verschärft.

Gleichzeitig steigt die Inlandsverschuldung seit 1993 von etwa 100 Milliarden EGP auf 700 Milliarden EGP im Jahr 2010 kontinuierlich an. Der inländische Verschuldungsanteil am ägyptischen Bruttoinlandsprodukt betrug 67,9 Prozent im Jahr 2009.[39] Diese Inlandsschulden stammen aus den Pensions- und Versicherungsfonds der erwerbstätigen Bevölkerung Ägyptens, deren Gelder von der *National Investment Bank* verwaltet werden. Diese Bank ist seit 1980 mit der Finanzierung von verschiedensten Projekten der Regierung betraut und zahlt auf die ägyptischen Pensionsfonds ungefähr 6 Prozent Zinsen an die Anleger aus der Bevölkerung. Bei den erwähnten Inflationsraten, die zeitweise im zweistelligen Prozentbereich lagen, stellt der Zugriff, die Verwendung und die Verwaltung der Fonds durch das ägyptische Regime auf diesem Weg eine faktische Besteuerung der Bevölkerung dar (Soliman 2011: 106).[40]

Wie viele andere Entwicklungsländer verfügt Ägypten über einen informellen Wirtschaftssektor, der außerhalb der legalen institutionellen Bereiche operiert. Schätzungsweise 40 Prozent der erwerbstätigen Ägypter sind in dieser Schattenwirtschaft tätig. Eine ägyptische Studie aus dem Jahr 2004 schätzt den Umfang der Wirtschaftsvermögen in diesem Sektor auf über 240 Milliarden US-Dollar, eine Summe die alle ausländischen Investments in Ägypten seit der napoleonischen Expedition 1801 übersteigt (Soliman 2011: 130). Auch wenn diese empirischen Daten sicherlich nicht besonders exakt sein mögen, zeigt sich die Relevanz insofern, als das der Staat aus diesem informellen Wirtschaftssektor keine Staatseinnahmen durch Besteuerung generieren kann.

Die beschriebenen ägyptischen Wirtschaftsreformen der letzten 20 Jahre haben insofern versagt, als das sie dem Regime keine zusätzlichen Einnahmen aus aufstrebenden Wirtschaftssektoren verschafft haben. Vor dem Hintergrund der sinkenden Renteneinnahmen, auf die gleich genauer eingegangen werden soll, ist es weder gelungen neue Einnahmequellen zu erschließen, noch die öffentlichen Ausgaben soweit zu senken, dass eine ausgeglichene Zahlungsbilanz möglich werden konnte. Dem Regime blieb eine verminderte

---

[39] Damit übersteigt allein die Inlandsverschuldung mit 67,9 Prozent am BIP die Maastricht-Kriterien, die eine Staatsverschuldung bis 60 Prozent als höchstwahrscheinlich unproblematisch ansehen. Im Fall Ägypten sind die Auslandsschulden noch nicht einmal im Anteil am BIP mit eingerechnet (Soliman 2011: 105).

[40] Dazu sei zu erwähnen das eine hohe Inflationsrate wie sie in Ägypten in den letzten Jahrzehnten vorherrschte, immer eine faktische Besteuerung der Bevölkerung darstellt. So machten die Staatseinnahmen Ägyptens durch die hohe Inflation im Jahr 1987 bis zu 11,7 Prozent des Bruttoinlandsproduktes aus (Soliman 2011: 99).

Menge an Ressourcen um sich die politische Unterstützung einzelner Machtgruppen zu erkaufen.[41] Oliver Schlumberger ist hier jedoch der Meinung, dass durchaus von einer erfolgreichen Adaption wirtschaftsliberalisierender Reformen gesprochen werden kann. Die Adaption sei insofern extrem erfolgreich gewesen, als das sie dem Regime mehrere Milliarden US-Dollar Wirtschaftshilfe, Investmentgelder und Kredite ermöglichte und mit diesen rentenequivalenten Zahlungen zur politischen Stabilität des Regimes beitrug[42] (Schlumberger 2004: 131). Der Erfolg der Reformen für das Regime besteht auch darin, die äußere Fassade der ägyptischen Wirtschaftsstruktur so zu verändern, dass sie den Erwartungen internationaler Geldgeber und Investoren entspricht und dabei die Strukturen des Regimes und die Machtkonstellationen intakt lässt. Dabei ist auch die Verdrängung 'alter' Eliten aus den Kernzirkeln der politischen Entscheidungsprozesse machbar gewesen, solange neue Allianzen mit machtvollen Akteuren wie der aufstrebenden Wirtschaftselite geschmiedet werden konnten. Die in den letzten Jahren massiv reduzierten politischen Renten, deren Strukturanpassungen in den folgenden Kapiteln aufgezeigt werden sollen, lassen den Erfolg der Wirtschaftsreformen allerdings nutzlos erscheinen. Ohne die externen Finanzhilfen bleibt ein Staat zurück, der krisenanfällig wird und durch die schwindenden Renteneinnahmen seine einstige Unabhängigkeit von der heimischen Wirtschaft verliert.

4.1 Der ägyptische Staatshaushalt: Charakteristika eines Rentierstaats

Ägypten gilt als ein komplexer Fall hinsichtlich der Klassifizierung zum Rentierstaat und der Rentenanteile am Staatsbudget. Wie schon im Kapitel 2.2. erklärt, können Renteneinnahmen sehr unterschiedlichen Quellen entspringen, die am Fall Ägypten exemplarisch diversifiziert ausfallen. Charakteristisch ist hier die Kombination von Öl- und Gasrenten, Lagerente, politischer Rente und Migrantenrenten (Richter 2004: 26, Albrecht/Pawelka/Schlumberger 1997: 45). Die Existenz von Renten in Ägypten gilt in der Literatur als unbestritten, lediglich über die genaue Höhe der Renteneinnahmen am Bruttoinlandsprodukt herrscht keine Einigkeit. Das Land stellt jedoch ein Paradebeispiel für einen Semi-Rentier dar (Richter 2004: 22).

---

41 Lisa Blaydes sieht dort eine Verstärkung klientelistischer Beziehungsstrukturen im politischen System, zum Einen aufgrund der Ressourcenknappheit und der ökomischen Liberalisierung, zum Anderen durch den Rückzug des Staates von seiner traditionellen Rolle die er in Ägypten inne hat. (Blaydes 2011: 27).
42 Das von den Entwicklungs- und Wirtschaftshilfen externer Geldgeber eine herrschaftsstabilisierende Wirkung im Fall Ägypten ausgeht, meint auch Richter 2004: 29.

Thomas Richter stellt nach eigenen Berechnungen eine durchschnittliche Überbewertung des ägyptischen Pfunds von 30 Prozent zum US-Dollar in den 90er Jahren fest. Demnach müssten alle externen Einnahmen, also in Devisen erzielten Einkommen entsprechend höher gewertet werden, als es in den offiziellen Haushaltszahlen der Fall ist (Richter 2004: 28). Dies ist zum Beispiel insbesondere bei Staatseinnahmen durch den Export von Erdölprodukten der Fall. Diese Renteneinnahmen sind also relevanter, als die Höhe der Einnahmen zunächst vermuten lässt.

Wie schon erwähnt ist Ägypten seit der Unterzeichnung des Camp-David-Abkommens zu einem Empfänger massiver politischer Renten in Form von Entwicklungs- und Militärhilfe geworden. Die USA starteten die Wirtschaftshilfe Mitte der 70er Jahre und erhöhten sie nach dem Friedensabkommen mit Israel auf über 1,1 Milliarden US-Dollar pro Jahr. Gleichzeitig steuerten sie 1,5 Milliarden Militärhilfe bei. In den 1980er und 1990er Jahren betrug die durchschnittliche Höhe der Wirtschafts- und Militärhilfe seitens der USA 2,2 Milliarden US-Dollar jährlich. Seit dem Jahr 2000 versuchen die USA ihre Zahlungen im Sinne des *aid to trade* Programms stark zu reduzieren, was einen massiven Einbruch der Einnahmen im ägyptischen Staatshaushalt zur Folge hat (Rutherford 2008: 5). Wie auf Abbildung 8 zu sehen, werden auch Zahlungen von der EU und anderen Mitgliedsstaaten der OECD seit Anfang der 80er Jahre geleistet. Insgesamt wird hier der Rückgang der Zahlungshöhe sämtlicher Länder deutlich.

	ODA Total, Net disbursements										
	Egypt, Current Prices (USD millions)										
Year	1990	1991	1992	1993	1994	1995	1996	1997	1998	1999	2000
Donor											
United States	2346	2963	1662	939	685	626	725	542	810	666,83	634,82
Multilateral, Total	76,23	350	193,23	187,06	280,87	202,43	201,81	387,39	266,34	208,56	134,19
United Arab Emirates	1051,3	692,08	248,84	196,46	45,17	38,32	18,16	70,38	55,87	83,07	88,12
DAC EU Members, Total	663,8	502,99	1175,09	557,49	1385,05	743	869,77	801,55	536,41	469,29	392,46
EU Institutions	47,9	289,95	72,29	57,37	136,47	94,26	97,88	196,96	189,82	150,85	72,5
Year	2001	2002	2003	2004	2005	2006	2007	2008	2009	2010	
Donor											
United States	630,08	845,85	441,76	704,47	401,76	195,6	462,41	470,78	185,07	52,66	
Multilateral, Total	110,61	87,52	84,68	311,09	240,29	286,85	238,23	317,67	296,24	148,72	
United Arab Emirates	89,76	108,53	60,27	62,3	64,02	48,24	42,91	365,22	60,88	22,28	
DAC EU Members, Total	386,85	246,97	291,53	387,93	264,61	317,21	313,9	453,71	378,5	306,77	
EU Institutions	70,97	44,19	58,83	183,9	182,83	228,47	220,66	203,63	204,68	136,86	

Abbildung 8: Official Development Assistance von 1990 bis 2010 an Ägypten. Daten aus dem OECD Creditor Reporting System.

Eine Zunahme der Staatseinnahmen im Tourismussektor ist in den letzten zehn Jahren stetig zu verzeichnen. Von 2002 bis 2010 stiegen die Einnahmen von 4,1 auf 13,6 Milliarden US-Dollar im Jahr (World Bank 2011c). Diese Rentenart stellt also mittlerweile einen größeren Teil der Staatseinnahmen dar, erfuhr aber in der Vergangenheit durch Terroranschläge oder Entführungen oftmals empfindliche Einbrüche. Weitere wichtige Renteneinnahmen stellen die Transitgebühren durch den Suezkanal, der Export von Erdöl und -gas, sowie die Überweisungen der im Ausland befindlichen Ägypter nach Hause dar. Letztere veranlassen einen immensen Transfer von Geldern in ihr Heimatland, etwa 2 Millionen Ägypter arbeiteten 2007 im Ausland (El-Naggar 2009: 42). Im Jahr 1995 überwiesen ägyptische Gastarbeiter 4,7 Milliarden US-Dollar nach Hause. Der ägyptische Staat kann die Migrantenrenten allerdings nur bedingt kontrollieren. Über manipulierte und multiple Wechselkurse und durch die hohe Inflationsrate des ägyptischen Pfunds gelingt es, einen Teil der Gelder in den Staatshaushalt umzuleiten (Richter 2004: 30).

4.2   Degression der Renteneinnahmen und ihre Bedeutung

Staaten die sich auf Renteneinnahmen stützen, erweisen sich bei Veränderungen dieser externen Einnahmen schnell verwundbar und krisenanfällig. Anhand von Abbildung 8 kann festgestellt werden, dass sich die Höhe der Zahlungen von Entwicklungs- und Wirtschaftshilfe der wichtigsten Geberländer und Institutionen an Ägypten stark reduziert hat. Sie fiel von ungefähr 4,2 Milliarden US-Dollar im Jahr 1990 über 1,3 Milliarden im Jahr 2000 auf 667 Millionen US-Dollar im Jahr 2010. Wie auf der Abbildung 8 zu erkennen, haben sich vor allem die Zahlungen der USA stark reduziert. Ganz besonders stark ist der allgemeine Rückgang seit 2008, was wohl auf die Folgen der weltweiten Finanzkrise zurückzuführen ist. Die Degression der Renteneinnahmen betrifft jedoch auch andere Rentenarten. Die Einnahmen aus den Transitgebühren des Suezkanals waren in den letzten Jahrzehnten häufig Schwankungen unterworfen, die auf Veränderungen des Weltmarktpreises für Erdölprodukte reagierten. Vor allem hat aber der Anteil der Einnahmen aus den Transitgebühren am BIP insgesamt abgenommen, wie Abbildung 9 deutlich zeigt. Die Einnahmen selbst sind zwar nicht weniger geworden, sie machen jedoch einen immer unwesentlicheren Anteil am BIP aus. Dies ist auf das bereits erwähnte massive Wachstum des BIP der letzten Jahre zurückzuführen, bei dem sich die Lagerenten vom Suezkanal nicht im gleichen Maße vermehrt haben.

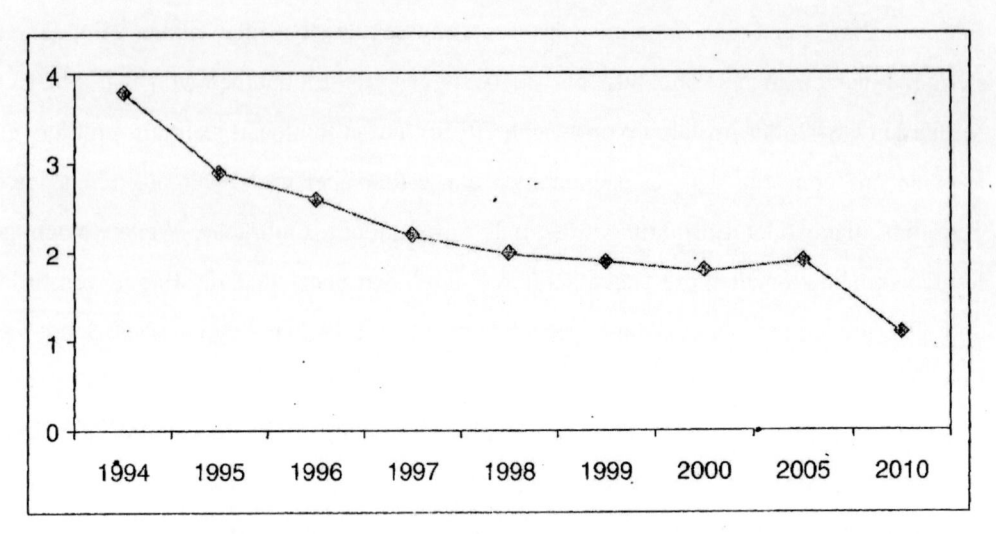

Abbildung 9: Sinkende Einnahmen aus den Transitgebühren des Suezkanals im Prozentanteil am BIP, 1994-2010 (Soliman 2011: 48).

Die Einnahmen aus dem Verkauf von Erdölprodukten spielen als Rentenform in den letzten Jahren keine besonders große Rolle mehr. Zwar sind noch immer durch den beträchtlichen Export von Erdölprodukten entsprechende Bilanzüberschüsse zu verzeichnen, die hohen Kosten des Imports von raffinierten Erdölderivaten lässt diesen Überschuss jedoch recht klein ausfallen, weshalb diese Rentenform in ihrer Bedeutung am BIP abgenommen hat (Ibrahim 2005: 86).

Die Kontrolle über den Devisenmarkt brachte dem Regime durch die erwähnten Wechselkursmanipulationen Einnahmen aus den Überweisungen von ägyptischen Arbeitern im Ausland. Auch vom Umtausch der Fremdwährungen in EGP durch ausländische Touristen profitierte der ägyptische Staat. Das EGP war im Verlauf der letzten Dekaden stets überbewertet zum US-Dollar gewesen. Seit Anfang der 1990er Jahre begann die Regierung unter dem Druck des IWF und der Weltbank, das EGP allmählich abzuwerten (Ibrahim 2006: 88). Auf der Abbildung 10 ist veranschaulicht, das von 1993 bis 2011 das EGP im Vergleich zum US-Dollar um über 43 Prozent abgewertet werden musste. Werden nun diese Daten mit Abbildung 6 verglichen, fällt sofort auf, dass die Abwertung der Währung durch die steigenden Importpreise in EGP eine Preissteigerung im Konsumentenpreisindex zur Folge hat. Als Konsequenz geriet nicht nur der ägyptische Staat durch die stark gesunkenen Deviseneinnahmen unter ökonomischen Druck, auch die Bevölkerung musste erhebliche Preissteigerungen für Konsumgüter hinnehmen.[43]

---

43 Innerhalb der ägyptischen Wirtschaft, die immer mehr auf den Import von Agrar- und Industriegütern

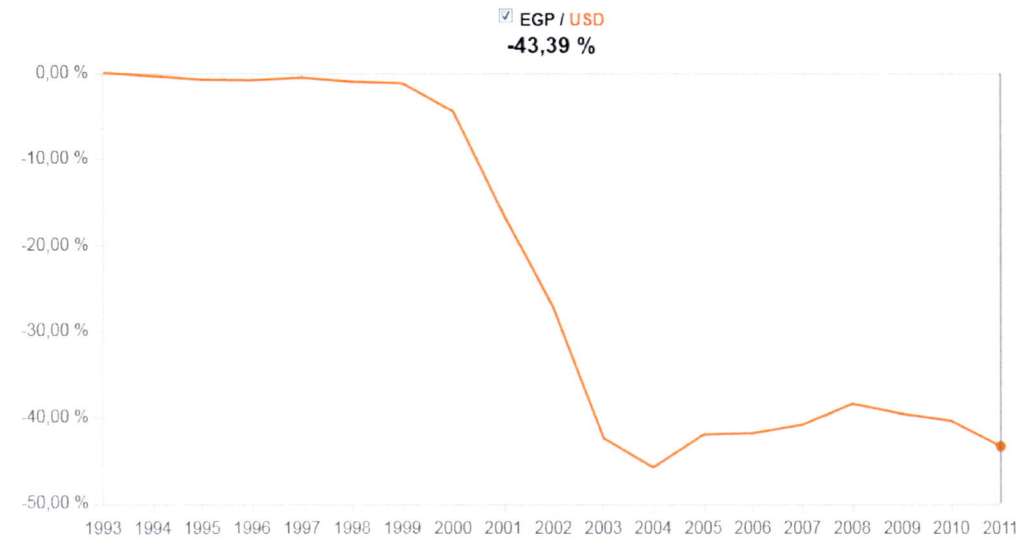

Abbildung 10: Wechselkurs vom Ägyptischen Pfund (EGP) in US-Dollar 1993 bis 2011 (Oanda Corporation).

Deutlich ist hier, dass ein allgemeiner Rückgang eines Großteils der Renten eingesetzt hat. Besonders relevant sind hier die eingebrochenen strategischen Rentenzahlungen ausländischer Staaten und Organisationen sowie der deutliche Rückgang der Deviseneinnahmen aus dem Wechselkurs des ägyptischen Pfunds seit 2000. Zwar haben sich die Lagerenten aus dem Tourismussektor deutlich erhöht. Im Vergleich zu den strategischen Renten ist ihre vollständige Verwendbarkeit für das ägyptische Regime allerdings anzuzweifeln, da sich durch die Abwertung des EGP die Deviseneinnahmen aus den Zahlungen ausländischer Touristen verringert haben. Außerdem fließen die Ausgaben der Besucher zum Teil in den Privatsektor und können höchstens durch Lizenzen und Besteuerung abgegriffen werden. Die Gastarbeiterrücküberweisungen verlieren nicht nur wegen der sinkenden Erträge aus Wechselkursmanipulationen an Bedeutung. Laut Florian Mayer hat in den ressourcenreichen Golfstaaten der Region in den letzten Jahrzehnten ein kontinuierlicher Prozess der 'Dearabisierung' eingesetzt. So drängten vermehrt Arbeitskräfte aus Südostasien auf die Arbeitsmärkte der Golfstaaten, zunehmend kehrten Gastarbeiter aus der MENA-Region in ihre Heimat zurück (Mayer 2006: 5).

---

angewiesen war, verteuerten steigende Importpreise die im Inland angebotenen Waren umso mehr, als es beispielsweise bei inländisch produzierten Nahrungsmitteln oder Waren der Fall wäre. So stieg der Weizenverbrauch Ägyptens von 1985 bis 2003 von 6 Millionen auf fast 14 Millionen Tonnen. Der Mehrverbrauch musste fast ausschließlich importiert werden (Ibrahim 2006: 12). Die Leistungsbilanz bei Agrargütern beträgt für das Jahr 2003/04 durch die hohen Importmengen fast minus 2 Milliarden US-Dollar, bei Industriegütern liegt der Wert bei über minus 6 Milliarden US-Dollar (Ebd., S. 86).

In einer Studie von Hazem Beblawi und Giacomo Luciani aus dem Jahr 1987 stellen die Autoren eine kausale Beziehung zwischen der Art der Staatseinnahmen und dem politischen Charakter des Staates her. Ihre Erkenntnis lautet, dass Renteneinnahmen einen autoritären Staat hervorbringen, Steuereinnahmen einen demokratischen (Beblawi/Luciani 1987: 10). Diese logische und simple These stützt sich auf den Charakter der Renteneinnahmen, die wie bereits beschrieben wurde, direkt an den Staat fließen und ihn unabhängig von der einheimischen Wirtschaft machen. Abbildung 11 zeigt die Steuereinnahmen Ägyptens von 2002 bis 2010 und im Vergleich dazu den bereits erwähnten massiven Anstieg des BIPs. Aus den Zahlen geht mehr als eine Verdreifachung der Steuereinnahmen innerhalb von 8 Jahren hervor. Die gleiche Verdreifachung beim BIP macht den Zusammenhang zwischen dem Wachstum der privatisierten ägyptischen Wirtschaft und den Steuereinnahmen deutlich.

	2002	2003	2004	2005	2006
Tax revenue (current LCU)	50.802.000.000	55.736.000.000	67.146.000.000	75.759.600.000	97.778.900.000
GDP (current LCU)	378.900.003.072	417.499.999.744	485.300.002.560	538.499.997.952	617.699.998.720
		2007	2008	2009	2010
		114.325.700.000	137.195.300.000	163.222.700.000	170.493.500.000
		744.800.000.000	895.500.000.000	1.042.200.000.000	1.206.600.000.000

Abbildung 11: Steuereinnahmen und Umfang des BIP Ägyptens in den Jahren 2002 - 2010 in EGP (World Bank 2011c).

Soliman zeigt in seiner Untersuchung der Erschließung neuer Einnahmequellen durch den ägyptischen Staat, dass das Regime vorerst versuchte die sinkenden Renteneinnahmen durch Optionen zu ersetzen, deren politische Kosten niedrig sein würden.[44] Allerdings war es dann gezwungen, fiskalische Reformen wie die Einführung einer Verkaufssteuer und vor allem die Reform der Einkommenssteuer vorzunehmen (Soliman 2011: 135). Diese Erkenntnisse zeigen auf, dass das Regime unfreiwillig politisch kostspielige Reformen einleiten musste um den Ausfall der Renteneinnahmen zu kompensieren. Das es dabei in der Zahlungsbilanz gescheitert ist, machen die Zahlen aus Abbildung 7 deutlich. Der immense Umfang der ägyptischen Schattenwirtschaft welche nicht besteuert werden kann, trägt zum Misserfolg des Wandlungsprozesses der

---

44 So versuchte die Regierung eine Besteuerung der Einkommen von Ägyptern, die im Ausland arbeiteten. Darüber hinaus wurde ein Gesetz verabschiedet, das Exporteure zu einem zeitnahen Umtausch von 75 Prozent ihrer erwirtschafteten Devisen in EGP verpflichtete. Beide Gesetze wurden von ägyptischen Gerichten als verfassungswidrig erklärt (Soliman 2011: 136).

Staatseinnahmen bei. Als Mubarak 1981 die Macht übernahm, machten die Staatseinnahmen über 60 Prozent des BIP aus. Am Ende dieser Ära steht dem Regime nur noch die Hälfte dieses Wertes am BIP zur Verfügung (Soliman 2011: 2).

Das politische Scheitern Mubaraks erklärt sich an den aufkommenden Forderungen der ägyptischen Gesellschaft, die durch die wachsende Besteuerung eine zunehmende politische Partizipation einfordert und sich durch die sinkende Anzahl öffentlicher Beschäftigungsverhältnisse nicht mehr wie zuvor mit dem Staat identifizieren kann.

5. Ägyptische Revolution 2011: Ursachen der Regimeinstabilität?

Dem Mubarak-Regime stand eine zunehmende Anzahl Ägypter gegenüber, die unter den Privatisierungsreformen und den daraus resultierenden Preissteigerungen und Arbeitsplatzverlusten zu leiden hatten. Die Streichungen von Subventionen auf Verbrauchsgüter in den letzten Jahren, haben im Zusammenhang mit Preissteigerungen derselben, immense wirtschaftliche Probleme für die ägyptischen Privathaushalte verursacht. Ebenso sind die Wohlfahrtsleistungen aufgrund der Sparpolitik und der gleichzeitig massiv ansteigenden Bevölkerungsanzahl reduziert worden. Die wirtschaftliche Not des Großteils der Bevölkerung überstieg die vorherrschenden Zustände der vorangegangenen 'breat riots' und Demonstrationen der Jahre zuvor. Trotzdem ist anzunehmen, das die Proteste 2011 bei einem systemstabilen Zustand des Regimes nicht in einem Zusammenbruch gemündet hätten. Der starke repressive Kontrollapparat der Regierung und die Unterstützung wichtiger politischer und wirtschaftlicher Eliten, hätten das System vor einem Kollaps bewahrt. Da dies nicht geschehen ist, lässt eine fehlende Unterstützung dieser Eliten für die alte Kernelite um Mubarak vermuten. Doch um welche Eliten handelt es sich? Wie bereits beschrieben, ist die Anhängerschaft Mubaraks im machtvollen Bürokratiesektor durch die Privatisierungen immer kleiner geworden. Das die schwindende Unterstützung der Beamten direkte Ursache für die plötzliche Instabilität des Regimes ist, kann bezweifelt werden. Vielmehr verlief die Allianz zwischen den neuen Akteuren der Wirtschaftselite und der 'alten Garde' mit ihrem Hauptvertreter Hosni Mubarak doch nicht derart reibungslos, wie angenommen wird. Sie war vielmehr von zwei sehr unterschiedlichen Interessengruppen besetzt. Die 'alte Garde' um Hosni Mubarak gründete ihr Selbstverständnis und ihre Legitimation auf den politischen Sieg gegen Israel im Jom-Kippur-Krieg und das daraus entstandene panarabische Selbstbewusstsein. Der wirtschaftlichen Liberalisierung stand dieses Regime skeptisch gegenüber, fürchtete man doch, politische Liberalisierung könnte ebenfalls die Folge sein. So wurden Reformen wie ERSAP nicht nur durchgeführt, weil der Staatshaushalt regelmäßig ökonomische Krisen erfuhr, sondern weil das Regime in höchstem Maße von externen Geldgebern und ihrem Wohlwollen abhängig war. Angesichts drohender Haushaltskrisen und Zahlungsunfähigkeit blieb oft keine andere Wahl, als den Auflagen internationaler Kreditgeber zu folgen.

Im Gegensatz dazu ist die neue Wirtschaftselite um Gamal Mubarak vor allem an der ökonomischen Liberalisierung interessiert. Dieses Spannungsverhältnis das direkt innerhalb der NDP entstand, mündete in dem Zugeständnis des alten Regimes: der Regierungsumbildung von 2004. Vertreter der neuen Elite wurden Kabinettsmitglieder und beschleunigten in der Folge die ökonomischen Reformen. Hosni Mubarak war dabei durch seine Zurückhaltung im Reformprozess mehr ein Hindernis als treibende Kraft. Die Inkohärenz der NDP und der daraus resultierende schwächelnde Rückhalt für den Präsidenten ist der Grund für die politische Instabilität des Regimes. Im Gegensatz zu den vorigen Jahrzehnten politischer Unterstützung durch seine Klientelnetzwerke, die stets an der Beibehaltung des *status quo* interessiert waren, ist Hosni Mubarak für die Wirtschaftseliten zu einem gewissen Grade entbehrlich geworden. Diese sind nicht mehr nur ein wichtiges Klientelnetzwerk des Patrons Mubarak, sondern haben sich parallel zu einem konkurrierenden Machtzentrum entwickelt. Die Logik des neopatrimonialen Herrschaftsmodus, stets die konkurrierenden Klientelnetzwerke gegeneinander auszuspielen, hat hier nicht mehr funktioniert. Das Ausbleiben materieller Ressourcen ist der Grund für die schwindende Macht des alten Regimes gewesen. Zusätzlich hat die neue Wirtschaftselite in den letzten Jahren durch die Generierung eigener Ressourcenquellen eine Unabhängigkeit zum alten Regime erlangt. Gewiss hat sie sich neopatrimonialer Klientelnetzwerke bedient um wirtschaftlichen Erfolg zu erzielen und zu monopolisieren. Sie kann aber wie an dem wachsenden BIP und dem Privatsektor zu sehen ist, diesen Gewinn auch auf legal-rationaler Basis weiter konsolidieren ohne dauerhaft auf klientelistische Strukturen angewiesen zu sein.

Das Regime selbst stützte sich auf der Suche nach neuen Einnahmequellen für den Staatshaushalt zunehmend auf die Besteuerung der Bevölkerung. Ein Wandel vom Semi-Rentierstaat zu einem Besteuerungsstaat ist angesichts der abnehmenden Bedeutung von Renteneinnahmen der letzten Jahre eindeutig nachzuweisen. Dieser Prozess spitzte sich besonders in den letzten zehn Jahren durch die Steuerreformen zu. Dort ist festzustellen, das die Außenhandelsliberalisierung und die gleichzeitige Einführung einer Verkaufssteuer keine wesentlichen Mehreinnahmen generieren konnten. Gleichzeitig führte die Ineffizienz und Korruption im Steuersystem zu keiner ergebnisreichen Wirkung der fiskalischen Reformen.

Der erhöhte Legitimationsbedarf für die politische Herrschaft des Mubarak-Regimes durch die zunehmende Besteuerung der Bevölkerung und der abnehmenden Alimentierung derselben konnte nicht erbracht werden. Zu den Ursachen der ägyptischen Revolution kommen folglich zwei Krisen zusammen: eine herrschaftspolitische und eine ökonomische Krise, welche im Zusammenspiel in der Instabilität des herrschenden Regimes mündeten.

Zu klären wäre hierbei insbesondere, inwieweit der große Umfang der ägyptischen Schattenwirtschaft zur Ineffizienz fiskalischer Reformen beigetragen hat. Als Rentierstaat hatte die Existenz dieses informellen Wirtschaftssektors keine negativen Auswirkungen auf die Staatseinnahmen. Mit dem Versuch einer Veränderung der Einnahmenstruktur blieb jedoch dem Regime der staatliche Zugriff auf einen Großteil der ägyptischen Wirtschaft verwehrt.

Der Umfang der Proteste 2011 übersteigen die der letzten Jahrzehnte. Soliman spricht sogar von dem größten Aufstand seit der Revolution von 1919 gegen die britische Besatzung (Soliman 2011: 172). Trotz der wirtschaftlichen Not der Bevölkerung, die wie hier dargelegt wurde immens ist, wurden vor allem politische Reformen gefordert. Dagegen hatten sich die 'bread riots' von 1977 fast ausschließlich gegen die steigenden Nahrungsmittelpreise durch Subventionskürzungen gerichtet. Auch dieser Vergleich zeigt eine massive Legitimationskrise der politischen Herrschaft, die 1977 nicht der Fall war. Der Charakter der Proteste hat hier also eine besondere Macht, das Regime zu destabilisieren. Es wurden keine Beschwichtigungen gefordert sondern die kompromisslose Umstrukturierung der politischen Verhältnisse und vor allem das Amtsende von Hosni Mubarak und seiner Regierung.

In der Forschung hat die Relevanz von Renteneinnahmen durch manipulierte Wechselkurse kaum Beachtung gefunden. Angesichts der beträchtlichen und außerordentlich schnellen Währungsabwertung des ägyptischen Pfunds zum US-Dollar sind die Auswirkungen erheblich gewesen. Einerseits schmolzen innerhalb weniger Jahre die künstlich erzeugten Renteneinnahmen durch den Tourismus[45] und durch die Gastarbeiterrück-

---

45 Natürlich sind die Einnahmen durch den Tourismussektor wie beschrieben deutlich gestiegen. Hier beziehe ich mich jedoch speziell auf die Deviseneinnahmen, die aus dem Umtausch von Fremdwährungen in hoch aufgewerteten EGP herrührten und seit der Wechselkursanpassung massiv gesunken sind.

überweisungen dahin. Auf der anderen Seite sind die volkswirtschaftlichen Auswirkungen durch die plötzlich steigenden Importpreise bei der importabhängigen ägyptischen Wirtschaft als signifikant zu betrachten. Hier herrscht noch Forschungsbedarf, der auch in Hinblick auf die Ursachen der Revolution relevant sein könnte.

5.1 Erfolg der Revolution durch weitere Faktoren und Ausblick

Als Auslöser der ägyptischen Revolution sind die Geschehnisse in den Nachbarländern Tunesien und Algerien in ihrer Bedeutung nicht zu unterschätzen. Die krisenhafte Situation in Ägypten hatte sich in den letzten Jahren zwar zugespitzt. Der Ausbruch erfolgte jedoch direkt nach den Protesten der Menschen in den benachbarten Staaten. Eine Kausalität ergibt sich auch durch die ähnlichen Motive und Forderungen der Protestbewegungen in den jeweiligen Ländern.

In dieser Arbeit konnte nicht betrachtet werden, inwieweit die neuen Medien als Ursache für die Revolution in Frage kommen. Unbestritten ist sicherlich, dass ein enormes Mobilisierungspotential durch soziale Netzwerke über das Internet möglich ist. Die Zuhilfenahme und die zunehmende Verbreitung von Mobiltelefonen, Internet und Satellitenfernsehen kann sicherlich die schnelle Mobilisierung, Informationsübermittlung und Organisation der Proteste erklären. So haben sich die soziale Bewegung *Kifaya* und andere außerparlamentarische Oppositionsgruppierungen im beträchtlichen Umfang dieser Kommunikationsformen bedient. Ob allerdings der zunehmende Zugang der ägyptischen Bevölkerung zu globalisierten Medien auch eine Ursache für den Ausbruch der Revolution darstellt, müsste untersucht werden.

Bis Mitte 2012 ist der Transitionsprozess in Ägypten noch immer nicht abgeschlossen. An die Stelle von Mubaraks Herrschaft ist nun ein Militärregime getreten, das einige Forderungen der Demonstranten erfüllte, auf der anderen Seite jedoch seit mehr als einem Jahr keine zivile Übergangsregierung geschaffen hat. Angesichts der beschriebenen neopatrimonialen Strukturen im politischen und gesellschaftlichen System Ägyptens ist anzuzweifeln, dass kurz- oder mittelfristig eine Transition zu einer rechtsstaatlichen parlamentarischen Demokratie erfolgen wird. Die hohen Korruptionsraten in öffentlicher Verwaltung und Privatwirtschaft lassen erahnen, das die legal-rationalen Elemente Ägyptens noch eine weitere Stärkung erfahren müssen. Die ökonomische

Krise die sich durch die Ereignisse der Revolution massiv verschärft hat, könnte eine kurzfristige Transition zusätzlich erschweren.

Literaturliste

Albrecht, Holger/Frankenberger, Rolf (2010): Autoritarismus Reloaded. Neuere Ansätze und Erkenntnisse der Autokratieforschung. Baden-Baden: Nomos Verlagsgesellschaft.

Albrecht, Holger (2005): How can opposition support Authoritarianism? Lessons from Egypt. In: Democratization 2005, 12 (3), 378-397.

Albrecht, Holger/Pawelka, Peter/Schlumberger, Oliver (1997): Wirtschaftliche Liberalisierung und Regimewandel in Ägypten. In: WeltTrends 1997, 16 (4), 43-63.

Alexander, Anne (2009): Mubarak in the international Arena. In: Marfleet, Philip/El-Mahdi, Rabab (Hrsg.): Egypt. The Moment of Change. London: Zed Books, S. 136-150.

Arafat, Alaa Al-Din (2009): The Mubarak Leadership and Future of Democracy in Egypt. Basingstoke: Palgrave Macmillan.

Bank, André (2010): Die neue Autoritarismusforschung: Ansätze, Erkenntnisse und konzeptionelle Fallstricke. In: Albrecht, Holger/Frankenberger, Rolf (Hrsg.): Autoritarismus Reloaded. Neuere Ansätze und Erkenntnisse der Autokratieforschung. Baden-Baden: Nomos Verlagsgesellschaft, S. 21-36.

Bayer, Michael/Mordt, Gabriele: (2008): Einführung in das Werk Max Webers. Wiesbaden: VS Verlag für Sozialwissenschaften.

Beblawi, Hazem/Luciani Giacomo (1987): The Rentier State. London: Croom Helm.

Blaydes, Lisa (2011): Elections and Distributive Politics in Mubarak's Egypt. New York: Cambridge University Press.

CAPMAS, Central Agency for Public Mobilization and Statistics (Hrsg. 2011a): Statistical Yearbook of Egypt: Estimated population. Text abrufbar unter http://www.capmas.gov.eg/pdf/Static%20Book/PDF/2-%20%D8%A7%D9%84%D8%B3%D9%83%D8%A7%D9%86/2-1.pdf (Zugriff am 14.04.2012)

Clapham, Christopher (1985): Third World Politics. An Introduction. London: Helm.

Demmelhuber, Thomas (2010): Das Familienunternehmen Ägypten: Autoritäre Herrschaftsmechanismen auf dem Prüfstand. In: Albrecht, Holger/Frankenberger, Rolf (Hrsg.): Autoritarismus Reloaded. Neuere Ansätze und Erkenntnisse der Autokratieforschung. Baden-Baden: Nomos Verlagsgesellschaft, S. 139-155.

El-Dawla, Aida Seif (2009): Torture: A State policy. In: Marfleet, Philip/El-Mahdi, Rabab (Hrsg.): Egypt. The Moment of Change. London: Zed Books, S. 120-135.

El-Naggar, Ahmad El-Sayed (2009): Economic policy: from state control to decay and corruption. In: Marfleet, Philip/El-Mahdi, Rabab (Hrsg.): Egypt. The Moment of Change. London: Zed Books, S. 34-50.

Erdmann, Gero/Engel, Ulf (2006): Neopatrimonialism Revisited – Beyond a Catch-All Concept. In: GIGA Working Papers 16 (2006), 5-38.

Erdmann, Gero/Engel, Ulf (2007): Neopatrimonialismus Reconsidered: Critical Review and Elaboration of an Elusive Concept. In: Commonwealth and Comporative Politics 45, 1, 95-119.

Erdmann, Gero (2002): Neopatrimoniale Herrschaft – oder: Warum es in Afrika so viele Hybridregime gibt. In: Bendel, Petra/Croissant, Aurel/Rüb, Friedberg W. (Hrsg.): Zwischen Demokratie und Diktatur. Zur Konzeption und Empirie demokratischer Grauzonen. Opladen: Leske und Budrich, S. 323-343.

Harders, Cilja (2008): Autoritarismus von unten: Lokale Politik in Ägypten. In: GIGA Focus Nahost, 12 (2008), 1-8.

Ibrahim, Fouad and Barbara (2003): Egypt: An Economic Geography. London: I.B.Tauris.

Ibrahim, Fouad and Barbara (2006): Ägypten. Darmstadt: Wissenschaftliche Buchgesellschaft.

International Monetary Fund (Hrsg.): World Economic Outlook April 2012. Text abrufbar unter http://www.imf.org/external/datamapper/lang=EN&tab=map View&chart=linechartView&maximize=chartView&interactive=1&db= WEO&indicator=BCA&indicatorx=aC_1_GDP&indicatory=aC_2_GDP &year=2015&speed=1&geoitems=EGY&bubblehighlighttype=0& bubbledisplaytype=0&trails=0&xaxis=logarithmic&yaxis=logarithmic. (Zugriff am 17.04.2012).

Kassem, Maye (2004): Egyptian politics: the dynamics of authoritarian rule. Boulder: Rienner Publishers.

Konrad-Adenauer-Stiftung (Hrsg.): Kairo-News. Wahlen 2005-1. Text abrufbar unter http://www.kas.de/wf/doc/kas_7088-1522-1-30.pdf?050905150638. (Zugriff am 24.03.2012).

Konrad-Adenauer-Stiftung (Hrsg.): Kairo-News. Wahlen 2005-2. Text abrufbar unter http://www.kas.de/wf/doc/kas_7100-1522-1-30.pdf?050905150618. (Zugriff am 29.03.2012).

Marfleet, Philip (2009): State and society. In: Marfleet, Philip/El-Mahdi, Rabab (Hrsg.): Egypt. The Moment of Change. London: Zed Books, S. 14-34.

Mayer, Florian (2006): Zur Bedeutung von Renteneinnahmen für die politische und ökonomische Entwicklung der MONA-Region: Vergangenheit, Gegenwart, Zukunft. Herausgegeben von der Friedricht-Ebert-Stiftung. Text abrufbar unter http://library.fes.de/pdf-files/iez/04276.pdf (Zugriff am 25.4.2012).

Oanda Corporation (Hrsg.): Historische Wechselkurse. Text abrufbar unter http://www.oanda.com/lang/de/currency/historical-rates/ (Zugriff am 19.04.2012).

OECD (Hrsg.): OECD Creditor Reporting System. Text abrufbar unter http://stats.oecd.org/index.aspx# (Zugriff am 18.04.2011).

Pawelka, Peter (2008): Der Staat im Vorderen Orient. Konstruktion und Legitimation politischer Herrschaft. Baden-Baden: Nomos Verlagsgesellschaft.

Pawelka, Peter/Richter-Bernburg, Lutz (Hrsg.)(2004): Religion, Kultur und Politik im Vorderen Orient. Die islamische Welt im Zeichen der Globalisierung. Wiesbaden: VS Verlag für Sozialwissenschaften.

Pawelka, Peter (1985): Herrschaft und Entwicklung im Nahen Osten: Ägypten. Heidelberg: C.F. Müller Juristischer Verlag.

Pickel, Gert (2010): Staat, Bürger und politische Stabilität: Benötigen auch Autokratien politische Legitimität? In: Albrecht, Holger/Frankenberger, Rolf (Hrsg.): Autoritarismus Reloaded. Neuere Ansätze und Erkenntnisse der Autokratieforschung. Baden-Baden: Nomos Verlagsgesellschaft, S. 179-201.

Richter, Thomas (2011): Autoritäre Herrschaft, materielle Ressourcen und Außenwirtschaftsreformen. Marokko, Tunesien, Ägypten und Jordanien im Vergleich. Wiesbaden: VS Verlag für Sozialwissenschaften.

Richter, Thomas (2010): Rente, Rentierstaat und die Distribution materieller Ressourcen in Autokratien. In: Albrecht, Holger/Frankenberger, Rolf (Hrsg.): Autoritarismus Reloaded. Neuere Ansätze und Erkenntnisse der Autokratieforschung. Baden-Baden: Nomos Verlagsgesellschaft, S. 157-177.

Richter, Thomas (2004): Determinanten einer Wirtschaftspolitik für Kleinst-, Klein- und Mittelunternehmen (KKMU) in Ägypten. Ein Beitrag zur Politikfeldanalyse in neo-patrimonialen Semi-Rentierstaaten. Münster: Lit Verlag.

Rutherford, Bruce K. (2008): Egypt after Mubarak. Liberalism, Islam, and Democracy in the Arab World. Princeton: Princeton University Press.

Schlumberger, Oliver (2008): Autoritarismus in der arabischen Welt. Ursachen, Trends und internationale Demokratieförderung. Baden-Baden: Nomos Verlagsgesellschaft.

Schlumberger, Oliver (Hrsg.) (2007): Debating Arab Authoritarianism. Dynamics and Durability in Nondemocratic Regimes. Stanford: Stanford University Press.

Schlumberger, Oliver (2004): Patrimonial Capitalism. Economic Reform and Economic Order in the Arab World. Dissertation, Tübingen: Eberhard-Karls Universität.

Soliman, Samer (2011): The Autumn of Dictatorship. Fiscal Crisis and Political Change in Egypt under Mubarak. Stanford: Stanford University Press.

Strohmayer, Edda (2007): Stabilität, Friede und Demokratie im Nahen Osten? 25 Jahre Ägypten unter Hosni Mubarak. Baden-Baden: Nomos Verlagsgesellschaft.

Timm, Christian (2010): Jenseits von Demokratiehoffnung und Autoritarismusverdacht: Eine herrschaftssoziologische Analyse post-transformatorischer Regime. In: Albrecht, Holger/Frankenberger, Rolf (Hrsg.): Autoritarismus Reloaded. Neuere Ansätze und Erkenntnisse der Autokratieforschung. Baden-Baden: Nomos Verlagsgesellschaft, S. 95-119.

Transparency International (Hrsg.): Corruption Perceptions Index. Text abrufbar unter http://www.transparency.org/policy_research/surveys_indices/cpi (Zugriff am 01.04.2012).

United Nations Development Programme (Hrsg.)(2010): Egypt Human Development Report 2010. Text abrufbar unter http://www.undp.org.eg/Portals/0/NHDR%202010%20english.pdf (Zugriff am 25.4.2012)

Weiss, Dieter/Wurzel, Ulrich (1998): The Economics and Politics of Transition to an open Market Economy. Egypt. Paris: OECD.

World Bank (Hrsg.): World Development Indicators 2007. Text abrufbar unter http://data.worldbank.org/sites/default/files/wdi07fulltext.pdf. (Zugriff am 17.04.2012).

World Bank (Hrsg.): World Development Indicators 2011a. Text abrufbar unter http://issuu.com/world.bank.publications/docs/9780821387092_part2/1. (Zugriff am 17.04.2012).

World Bank (Hrsg.): Consumer Price Index 2011b. Text abrufbar unter http://data.worldbank.org/indicator/FP.CPI.TOTL/countries/1W-EG?display=default. (Zugriff am 17.04.2012).

World Bank (Hrsg.): World Data Bank 2011c. Text abrufbar unter http://databank.worldbank.org/ (Zugriff am 18.04.2011).